# Neues vom Rumpelstilzchen

# Haus-Märchen

von Lotte Betke Richard Bletschacher Max Bolliger
Nicolas Born Irmela Brender Achim Bröger
Dagmar Chidolue Ernst A. Ekker Michael Ende
Vera Ferra-Mikura Iring Fetscher Ota Filip Harlhans Frank
Günter Bruno Fuchs Franz Fühmann Hans-Joachim Gelberg
Willi Glasauer Oskar Maria Graf † Josef Guggenmos
Peter Härtling André Heller Friedl Hofbauer Janosch
Agathe Keller Juri Korinetz Rolf Krenzer Michael Kumpe
Günter Kunert Reiner Kunze Rosemarie Künzler
Kurt Kusenberg Hans Georg Lenzen Doris Mühringer
Ludek Pesek Christa Reinig Werner Schmoll Alfons Schweiggert
Jörg Steiner Beatrice Tanaka Wolfgang Weyrauch
Rudolf Otto Wiemer Josef Wittmann
Hildegard Wohlgemuth Wolf Wondratschek

# Neues vom Rumpelstilzchen

und andere Haus-Märchen
von 43 Autoren
Gesammelt von
Hans-Joachim Gelberg
Bilder von Willi Glasauer

»Nein, etwas Lebendes ist mir
lieber als alle Schätze der Welt.«
Rumpelstilzchen

BELTZ
& Gelberg

1.–10. Tausend
 Programm Beltz & Gelberg, Weinheim
Einbandgestaltung nach einer Zeichnung von Willi Glasauer
von Jan Buchholz & Reni Hinsch, Hamburg
Typographie von Willi Glasauer
Gesetzt aus der 12 Punkt Garamond
Gesamtherstellung Beltz Offsetdruck, 6944 Hemsbach über Weinheim
Printed in West-Germany
ISBN 3 407 80518 7

# Inhalt

* *Siehe Vorwort, S. 12.*

# Märchen von überall her

## Vorwort

### Märchen allgemein

Märchen sind zu allererst Volksgeschichten. Sie sind geheimnisvoll, rätselhaft, und sie machen neugierig. Sie sind spannend, lustig, abenteuerlich oder auch erotisch. Sie berichten von merkwürdiger Ferne, spiegeln Wünsche und Träume, wecken Gefühl und Moral, rechnen ab mit den Mächtigen, belohnen oder strafen, wie es einer tieferen Einsicht entspricht. Märchen erfüllen Unerfüllbares, und es vergeht kein Tag, an dem nicht plötzlich irgendein Märchen Wirklichkeit wird. Und Märchen nähren Hoffnungen, lassen weinen, berichten vom Elend der Armen. Die Wurzeln der Märchen stecken tief in der Vergangenheit eines Volkes. In unserem Land sind dies vorrangig Märchen, welche die Brüder Grimm gesammelt haben. Beileibe keine Kindermärchen, sondern eben Volksgut – für alle. Viele dieser Eigenschaften gelten auch für Kunstmärchen.

### Märchen von bestimmten Erzählern

Das moderne Kunstmärchen benutzt Kulisse und Figuren (König, Prinzessin usw.) des alten Märchens ohne zwingende Notwendigkeit, deshalb gelegentlich auch gar nicht. Es sind Symbole, leicht übertragbar. Diese Märchen sind mitunter knapp, lehrreich, voll kritischer Anspielung auf Verhältnisse, politisch. Andere Märchen fabulieren ausschweifend, spielen mit der Sprache. Auch sie beziehen die Realität mit ein. Sie wirken phantastisch, weisen sogar in die Zukunft, spielen unbefangen das alte Spiel mit dem fliegenden Teppich, und doch mischt sich die kritische Weltsicht des Erzählers mit ein. In diesem Sinn hat das Kunstmärchen in unserem Land große Tradition. Den Märchen der Romantiker folgten in reicher Auswahl »Märchen« heutiger Dichter: Kafka, Walser, Döblin, Hesse, Brecht und so weiter – bis zu den Lebenden. Aber es ist nur wenig für Kinder dabei. Märchen *für* Kinder zu schreiben, das ist sehr schwierig. Wann immer sich nämlich das Märchen *ausschließlich* Kindern zuwandte, glitt es leicht ab in Kitsch und Imitation. Erst die Phase der Kritik an den Volksmärchen der Brüder Grimm im Zusammenhang mit Kinderliteratur hat offensichtlich ermunternd gewirkt.

## Märchen in der Kritik

Die Märchendiskussion der letzten Jahre hat unseren Sinn für das Märchen kritisch beeinflußt. Es ist nicht mehr möglich, altes Märchengut Kindern unbefangen und kritiklos zu überlassen. In diesem Zusammenhang ist sogar eine neue Märchenform entstanden: Sie verändert alte Märchen und variiert sie, man läßt sich auf ein Spiel mit ihnen ein, geht absichtsvoll, wohl nicht immer liebevoll mit ihnen um. Davon gehen Wirkungen aus: Es hat sich wieder mehr Lust am Märchenerzählen eingestellt, sicher auch neues Verständnis für Märchenrealität. Mit anderen Worten: Erzähl mir keine Märchen (die nicht wahr sind)!

## »Neues vom Rumpelstilzchen«

Bei der Zusammenstellung dieser Sammlung ging es dem Herausgeber um folgendes: Zunächst sollte jeder Text Kindern verständlich sein, falls nicht sogar ausdrücklich für Kinder geschrieben. Ferner sollten möglichst viele Variationen von Grimm-Märchen vorgestellt werden: kritische, listige, lustige, spaßige Beispiele, wie sie eben in den letzten Jahren entstanden sind. Einige der in diesem Band abgedruckten Texte waren Anlaß zu erheblichen Kontroversen zwischen den Märchen-Experten. Hier sind nun alle Texte beisammen! Kinder selbst hatten übrigens – soweit die Texte ihnen bekannt wurden – großen Spaß daran. Darüber hinaus versammelt dieser Band neu geschriebene Märchen, eigenständige Geschichten, die sich der Märchenform bedienen. Auch sie sind teils heiter oder komisch, teils ernst und traurig, zuweilen auch ironisch, gesellschaftskritisch. Nicht alles ist im poetischen Sinn gelungen; es ging eben um möglichst unterschiedliche Beispiele heutigen Märchenerzählens: Ein Versuch also, Märchen für Kinder neu in den Umgang zu bringen.

Diese Märchen sollten besser nicht hintereinander und in einem Ablauf gelesen werden. Es sind Märchen zum wiederholten Lesen, zum Vorlesen – abends zum

Beispiel –, Märchen zum Nachdenken und auch zum Weiterspinnen. Dem entsprechen die Zeichnungen von Willi Glasauer. Er dürfte dem Ganzen einen zusätzlichen magischen, vertiefenden Aspekt hinzugefügt haben. Seine Bilder illustrieren nicht, er hat neue Märchen erfunden. Ein Angebot also an die Phantasie der Leser, an ein kritisches Märchenbewußtsein und gewiß eine Märchenillustration über das Gewohnte hinaus.

Das kritische Spiel mit den Märchen führt mitunter auch zu schwierigen Geschichten; sie gehören mit in eine solche Sammlung und erschließen sich dem *jungen* Leser erst nach und nach. Diese Texte (mit erhöhten Anforderungen an das Leseverständnis) sind im Inhaltsverzeichnis mit einem * versehen.

Viel Vergnügen nun beim Wiederfinden alter Märchenfiguren, beim Spiel mit Rumpelstilzchen und den Bremer Stadtmusikanten, beim Entdecken ganz neuer Märchen – alles in allem eine abwechslungsreiche Märchenreise: 58 neue Haus-Märchen (um einen alten Begriff neu einzusetzen) von 43 Autoren.

# Die Geiß und die sieben Wölflein

## Iring Fetscher

Es war einmal eine glückliche und zufriedene Wolfsfamilie: Vater Wolf, Mutter Wolf und sieben kleine Wolfskinder, die als Siebenlinge zur Welt gekommen waren und noch nicht allein in den Wald gehen durften.

Eines Tages, als Vater Wolf schon auf Arbeit gegangen war, sagte Mutter Wolf zu ihren Kindern: »Kinder, ich muß heute zum Bettenhaus ›Moos und Flechte‹ gehen, um für euch neue Betten zu kaufen, denn die alten sind ganz durchgelegen und nicht mehr bequem, von anderen Mängeln ganz zu schweigen. Seid schön brav und geht nicht aus der Höhle, während ich weg bin, man weiß nie, wer durch den Wald kommt: Jäger, Polizisten, Soldaten oder andere bewaffnete Leute, die es mit jungen Wölfen nicht gut meinen. Gegen Mittag werde ich wiederkommen und allen, die brav gewesen sind, etwas Schönes mitbringen.«

»Ja, ja, natürlich, natürlich«, antworteten die sieben kleinen Wölflein ungeduldig, denn sie wollten, daß die Mutter endlich gehen sollte, damit sie ungestört toben und Moosschlachten veranstalten konnten. Sobald die Mutter Wolf gegangen war, begannen die kleinen Wölflein ausgelassen zu spielen.

Als aber vielleicht eine Stunde vergangen war, scharrte es am Höhleneingang, und eine Stimme rief: »Kommt heraus, ihr lieben Kinderchen, eure Mama ist wieder da und hat jedem etwas Feines mitgebracht. Kommt nur schnell, damit ihr es an der hellen Sonne auch gut sehen könnt.«

Aber, während sie dies sagte, klang die Stimme so scheppernd und meckernd, daß die Wölflein laut riefen: »Nein, wir kommen nicht heraus, du bist nicht unsere Mama, du bist die alte Meckerziege! Unsere Mama hat eine tiefe, schöne Stimme!«

Da ärgerte sich die böse Geiß und überlegte, wie sie es anstellen sollte, daß ihre Stimme so tief und wohltönend würde wie die von Mama Wolf. In ihrer Ratlosigkeit ging sie – wie das viele Tiere im Wald tun – zu einem alten Uhu, der überall als das weiseste Tier bekannt war. »Lieber Uhu«, sagte die Geiß, »wie kann ich es nur anstellen, daß meine Stimme so tief und wohltönend wird wie die einer Wolfsmutter?«

Der alte Uhu legte den Kopf auf die Seite und dachte einen Augenblick nach, dann sagte er: »Am besten wird es sein, wenn du bei mir Gesangunterricht nimmst, aber ich kann's nicht umsonst machen.«

»Das laß nur meine Sorge sein«, meinte die Geiß, »du kannst von mir einen Liter feinster, vollfetter Ziegenmilch haben, aus der man echten Ziegenkäse machen kann.«

»Ein Liter ist nicht genug«, meinte der Uhu, »aber für zwei will ich's wohl machen.«

»Nun gut«, meinte die Geiß, »wenn du dir unbedingt den Magen mit so viel Käse verderben willst, sollen es meinetwegen auch zwei Liter sein«, und sie begannen die Gesangstunde.

Der alte Uhu aber war ein so guter Lehrer und die Geiß wegen ihres Interesses an der Täuschung der Wolfskinder eine so aufmerksame Schülerin, daß sie in einer halben Stunde eine schöne, tiefe Baßstimme bekam, mit der sie in jedem Kirchenchor hätte auftreten können.

Nachdem sie den Uhu bezahlt hatte, ging sie zurück zu der Höhle der kleinen Wölfe. Abermals rief sie: »Kommt heraus, ihr lieben Kinderchen, eure Mama ist wieder da und hat jedem etwas Feines mitgebracht. Kommt nur schnell, damit ihr es an der hellen Sonne auch gut sehen könnt.«

Und diesmal klang die Stimme so tief und schön, daß die kleinen Wölflein vollkommen getäuscht wurden und blinzelnden Auges hinausliefen in die strahlende Vormittagssonne. Kaum aber waren sie draußen, da wurden sie auch schon von der bösen Geiß auf die Hörner genommen und hoch hinauf in einen Tannenbaum geschleudert, an dessen Zweigen sie sich ängstlich festhielten, denn Wölfe können, wie ihr wißt, nicht klettern.

Der Ausgang der Wolfshöhle war so klein, daß immer nur ein Wölflein auf einmal hinauskonnte, und da die anderen nachdrängten, konnten die vordersten auch nicht mehr zurück, als sie erkannt hatten, wer draußen stand. Nur das letzte und schwächste Wölflein, hinter dem niemand mehr drängte, konnte sich noch rechtzeitig in Sicherheit bringen, ehe die Geiß es gesehen hatte. Die Geiß aber, die immer schlecht im Rechnen gewesen war, glaubte schon, alle sieben Wölflein in die Tannenäste hinaufgeschleudert zu haben, und zog tiefbefriedigt ab.

Wenn ihr mich fragen würdet, warum die Geiß überhaupt so böse auf die kleinen Wölfe war, so könnte ich nur sagen, daß sie den Wölfen das freie, ungezwungene Waldleben mißgönnte und – genau wie ihre Besitzer, deren Haltung sie mit der Zeit angenommen hatte – allem, was von der bürgerlichen Lebensweise abwich, mit neidischem Haß begegnete. Genau genommen war es also gar nicht ihr eigener Haß, sondern der Haß der kleinbürgerlichen Ziegenbesitzer, der sich in ihr äußerte. Man hatte ihr diesen Haß auf alles Freie in jahrelanger Stallzucht eingeprügelt, und nun ließ sie ihn natürlich an den Schwächsten – den Wolfs- und anderen Kindern – aus.

Als Mama Wolf endlich, bepackt mit schönem, tiefen Betten-Moos, nach Hause kam, rief sie ihre Kleinen, aber nur ein einziges Wölflein kam aus der Höhle und erzählte ihr, was vorgefallen war. Bald hörte sie auch von den Tannenzweigen über sich das sechsstimmige Weinen der kleinen Wölfe, die schon ganz schwach waren vom langen Festhalten. Sie riefen: »Bitte, bitte, liebe Mama, hol uns herunter.« Aber natürlich konnte Mama Wolf auch nicht klettern, und genausowenig Papa Wolf, der ohnehin nicht vor Abend zurückerwartet wurde.

Da ging Mama Wolf in die Nachbarhöhle, in der ein alter Kletterbär schlief, weckte ihn und bat um Hilfe. Der alte Kletterbär wurde mitten aus seinen schönsten Honigträumen gerissen. Da er aber ein gutmütiger und obendrein vegetarisch lebender Bursche war, machte er sich sofort auf und holte die sechs kleinen Wölfe im Nu vom Baum herunter.

War das eine Freude! Vor lauter Aufregung vergaß Mama Wolf sogar, mit ihren Kindern zu schimpfen. Als aber am Abend Papa Wolf nach Hause kam und von dem Vorfall hörte, wurde er sehr zornig und sagte böse knurrend: »Na warte, der Geiß werde ich's heimzahlen!« Vergeblich suchte Mama Wolf ihn zu beruhigen. Am nächsten Morgen zog Papa Wolf zum Ziegenstall und zahlte Mama Geiß mit gleicher Münze heim.

Hier beginnt die Geschichte vom »Wolf und den sieben Geißlein«, die ihr alle kennt.

# Märchenprüfung

## Alfons Schweiggert

*Wenn du die drei Rätsel löst,*
*dann bekommst du die Hälfte des Königreiches*
*und meine Tochter zur Frau.*
*Wenn du sie aber nicht löst,*
*dann mußt du sterben.*

# Der Wolf und die sieben Geißlein

## Rolf Krenzer

*Mutter geht.*
*Wolf steht*
*auf der Lauer,*
*ziemlich sauer.*
*Geißlein sagen: »Nein,*
*wir lassen dich nicht rein.*
*Mutter hat's verboten!«*
*Wolf mit weißen Pfoten*
*spricht ganz gemein:*
*»Bin's Mütterlein!«*
*So öffnen ihm die Geißenjungen*
*und werden sogleich vom Wolf verschlungen.*
*Großes Geschrei.*
*Alles vorbei.*
*Moral:*
*Ein Wolf bleibt ein Wolf, denke daran,*
*hat er auch weiße Handschuhe an.*

# Neues Märchen vom alten Flaschengeist

## Günter Kunert

Lauter alte Flaschen, weiter nichts in der Kellerecke. Da konnte Sebastian noch so viel rumkramen und irgend etwas suchen, vergessenes Spielzeug vielleicht, genau wußte er es selber nicht, aber er fand nichts Brauchbares. Aus Langeweile zog er die locker aufgesteckten Korken aus den Flaschen; einer, ein besonders dicker, ging schwer heraus: Sebastian befeuchtete den Korken mit der Zunge und rieb ihn am Flaschenhals, was er bei Erwachsenen, wenn sie betrunken waren, gesehen hatte und was ein mark- und beindurchdringendes Quietschen hervorrief. – Plötzlich stand jemand vor ihm.

Sebastian erschrak bis in die Kniekehlen, die so weich wie Schokolade auf der Zentralheizung wurden. Und weil Sebastian ein etwas schlechtes Gewissen hatte (irgend etwas hatte man ja immer angerichtet), stammelte er unlogisch: »Ich habe nichts getan und will es auch nie wieder tun!«

Der überraschend Aufgetauchte jedoch verneigte sich vor Sebastian und sprach: »Du bist mein Herr und Meister, und ich werde alle deine Wünsche erfüllen, du brauchst sie nur zu nennen!«

Das verblüffte Sebastian, und er rief: »Machen Sie doch mal Licht hier, ich kann Sie ja gar nicht richtig sehen!« Kaum hatte er das gesagt, da flammten ringsum vielfarbige Kristalle auf, funkelten und blinkten, daß es nur so gleißte und flimmerte. Der Fremde vor ihm war eine graue Gestalt, hatte auch graue Haare, einen grauen Bart, sogar graue Haut und verbeugte sich erneut, wobei er fortfuhr: »Ich bin ein Flaschengeist. Du hast sicher schon von meiner Gattung gehört. Jemand hat mich aus Versehen hier mit meiner Behausung abgestellt, und wenn man mit dem Korken an ihr reibt, komme ich heraus und führe aus, was man mir aufträgt. Also, mein lieber Sebastian, fang an!«

So was vernimmt man natürlich gerne, nicht nur als kleiner Junge, auch als Erwachsener wäre man über solche Begegnung mehr als froh. Sebastian zweifelte aber noch insgeheim und wollte den Grauen auf die Probe stellen: »Also, dann ich wünsche mir…« Vor lauter Eifer fiel ihm nichts ein. »Ich wünsche mir ein… ein neues Fahrrad! Fertig!« Kaum war die letzte Silbe verhallt, stand es schon vor ihm und klingelte einladend von selber. Das machte Sebastian Mut: »Und du schaffst alles?« Der Graue nickte. Da holte Sebastian tief Luft und sagte: »Und jetzt ein Auto, das von allcinc fährt und überall hin, wohin ich will!« Und schon saß er in den hellgelben Lederpolstern eines fantastischen Autos, das statt des Lenkrades ein Mikrophon besaß, auf das der Graue, der neben Sebastian hockte, hinwies, wobei er erklärte: »Du brauchst nur das Ziel auszusprechen!«

»Nach Amerika und durch den Urwald!« rief Sebastian. – Ehe man es sich versah, rollte der Wagen leise und sanft zwischen Riesenbäumen hindurch, von denen nicht nur Lianen herabhingen, sondern auch bedrohlich sich windenden Schlangen; Affen schaukelten an Ästen, Papageien flatterten vor der Windschutzscheibe und kreischten, doch davon drang in den Wagen kein Laut.

Sebastian war begeistert: »Ich will eine Burg mit Rittern ganz für mich allein. Und eine Schokoladenfabrik, die nur für mich Schokolade macht. Und eine neue elektrische Eisenbahn...« Der Wagen schwenkte ab und fuhr über eine Zugbrücke in den Burghof, wo gepanzerte Ritter standen, Standarten schwenkten und »Hurrah, Sebastian!« brüllten, als Sebastian ausstieg. Ein Ritter in versilberter Rüstung trat vor ihn hin, zeigte mit gezücktem Schwert auf einen Lastwagen in der Hofecke und brummte: »Die erste Lieferung ist soeben eingetroffen, gnädiger Herr!«

Auf dem Lastwagen las man in leuchtender Schrift: *Sebastians Schokolade ist die Beste!* und zwei Ritter waren dabei, kistenweise die Tafeln »Mokka Nuß«, »Sahne Erdbeer« und »Milch Marzipan« in den hohen Turm zu tragen. Der Silberritter aber sagte: »Im Wappensaal ist die neue Eisenbahn aufgebaut. Es wurden sechshundertdreißig Meter Schienen verlegt für zwanzig Eilzüge und vierzehn Güterzüge. Bitte, mir zu folgen!« Er legte die Hand grüßend an den Helm und schritt vor Sebastian her.

»So lasse ich mir das Leben gefallen!« dachte Sebastian. »Unter solchen Umständen kann man ganz gut auf seine Eltern verzichten. Auch auf seine Freunde. Wenn man welche benötigt, läßt man sie sich einfach vom Flaschengeist besorgen!«

Im Wappensaal fraß Sebastian Schokolade, bis ihm schlecht wurde, und spielte mit der Eisenbahn, bis es ihn langweilte. »Was soll ich jetzt machen?« fragte er den Grauen, der sich schweigend in seiner Nähe aufhielt und der nun mit den Achseln zuckte: »Das mußt du selber wissen. Das Wünschen kann ich dir nicht abnehmen!«

Aber Sebastian fiel nichts mehr ein. »Ich will mich ausruhen...«

Der Graue reichte ihm die fast undurchsichtige Flasche aus dunkelgrauem Glase mit dem dicken Korken und sagte: »Wenn du mich wieder brauchst, weißt du ja, wie du mich rufen kannst!«, und war wie ein Luftzug in der Flasche verschwunden, die Sebastian anschließend verkorkte. Durch ein Spalier von Pagen und Mägden schritt er zu seinem Schlafzimmer, stellte die Flasche auf den Nachttisch und sank auf die weiche Steppdecke, auf welcher der Name *Sebastian* mit Goldfäden eingestickt war.

Als er wieder erwachte, bemerkte er vor seinem Bett einige Ritter sowie den Fahrer von seinem Schokoladen-Lastwagen. »Verzeiht, Herr!« hub der silberne Ritter an, doch der Lastwagenfahrer unterbrach ihn einfach: »Quatsch – Herr! Sag mal, du Lümmel...« und damit meinte er eindeutig Sebastian, »wann willst du die Schokolade bezahlen, die du gefressen hast? Und die andere unten im Auto?« Er hielt Sebastian eine Rechnung hin, und Sebastian starrte ihn wütend an, griff zur Flasche auf dem Nachttisch und griff ins Leere: keine Flasche mehr da!

Sogleich begann ein aufgeregtes Suchen und Kramen, und der Silberritter rang die Hände und jammerte, wovon denn die Pagen und Mägde entlohnt werden sollten, wenn Sebastian nicht endlich einen Sack voller Taler auf den Tisch lege. Auch die anderen Ritter warteten auf ihr Ritter-Gehalt. Sebastian hielt sich die Ohren zu, um nicht selber noch nervöser zu werden, als er ohnehin war. Nachdem die ganze Burg durchkämmt worden, erfuhr er von einer der Mägde, die während seines Schlafes das Zimmer betreten hatte, um seine Kleidungsstücke zu ordnen und auszubürsten, sie habe eine alte leere Flasche auf seinem Nachttisch gefunden und selbstverständlich weggeworfen. Schließlich gehörte das alte unnütze Ding nicht dorthin!

Sebastian bekam plötzlich Bauchschmerzen und fragte ganz leise, wo die Flasche jetzt wäre, und das Mädchen zeigte von einem Turmfenster in einen tiefen felsigen Abgrund. »Mein guter, lieber, bester Flaschengeist, komm doch sofort wieder!« flehte Sebastian stumm, was natürlich nichts nutzte. Auf Hilferufe, und seien sie noch so eindringlich, kam der Geist nicht. Nur auf Korken reiben an seiner Unterkunft. Und die war hin.

Krampfhaft überlegte Sebastian, was er bloß in dieser ausweglosen Situation unternehmen könnte, und er versuchte mit gleichgültiger Miene und fester Stimme eine Anordnung zu treffen: »Ritter und Lieferanten warten im Wappensaal. Ich werde eben nur mal rasch in meinen Schatzkeller gehen und etwas Gold heraufholen…« Er hoffte inständig, daß seine Burg überhaupt einen Schatzkeller haben möge, doch da keiner widersprach, schien das der Fall zu sein. Es trat auch für den Moment Beruhigung ein: Ritter, Fahrer, Pagen und Mägde schoben sich aus dem Schlafzimmer und bewegten sich leise murrend zum Wappensaal, indes Sebastian so schnell wie möglich die Wendeltreppe hinunterraste, immer links herum, wobei ihm ganz eigenartig im Kopf wurde. Vor einer mächtigen Eisentür hielt er inne, drückte die schwere Klinke herunter und stemmte sich mit dem ganzen Körpergewicht gegen die genieteten Platten, um keuchen und pustend den Weg in ein düsteres, unheimliches Gewölbe zu gewinnen. Sein Plan war gewesen, durch einen Geheimgang nach draußen zu fliehen; jede Burg hatte so was, und die hier besaß bestimmt auch einen – man mußte ihn nur finden. Er schaute sich suchend um. Auf einmal erklangen über ihm Stimmen; die Ritter folgten ihm jetzt, weil ihnen wahrscheinlich dieselbe Idee gekommen war. Sebastian schien es, als hätte er eine Stimme deutlich sagen hören: »Foltern und vierteilen den Betrüger!« Und seine Bauchschmerzen wurden immer schlimmer, da das klirrende, polternde Stampfen der heruntersteigenden Ritter ständig näherkam. Sebastian riß eine kleine Holztür auf und lief in einen neuen Kellerraum, und als er hier erneut nach dem Geheimgang Ausschau hielt, erkannte er den Keller seiner Eltern.

Mein Gott, war das eine freudige Überraschung! Sebastian atmete auf, noch dazu, wo keine Verfolger mehr zu hören waren. Es war ganz still rings um ihn. Sofort machte er sich über die leeren Flaschen her, bis er die dunkelgraue mit dem dicken Korken gefunden hatte. Dann umwickelte er den Flaschenhals mit seinem Taschentuch und schlug die Flasche gegen die Wand, daß das Glas nur so umherspritzte. Wie Mütter stets im unrechten Moment auftauchen, erschien unerwartet Sebastians Mutter und machte ihm die allerheftigsten Vorwürfe, wie er dazu käme, hier leere Flaschen zu zerschlagen (obwohl es ja nur *eine* gewesen war), und er konnte ihr den Grund dafür nicht erklären, weil sie das bloß für eine ganz faule Ausrede gehalten hätte: daß er andere davor bewahren wollte, durch die Erfüllung aller Wünsche in solche Verzweiflung zu geraten, wie es ihm selber geschehen war. Weil die Erfüllung häufig das Gegenteil von dem ergibt, was man sich davon versprochen hat. Daher sagte Sebastian bloß kleinlaut: »Ich will es auch nie wiedertun…« Und das meinte er ganz ehrlich.

# Rumpelstilzchen

## Rosemarie Künzler

Nachdem der Müller damit geprahlt hatte, daß seine Tochter Stroh zu Gold spinnen konnte, führte der König das Mädchen in eine Kammer voller Stroh und sagte: »Wenn du bis morgen früh dieses Stroh nicht zu Gold versponnen hast, so mußt du sterben.« Dann schloß er die Kammer zu. Die arme Müllerstochter fing vor Angst an zu weinen. Da erschien ein kleines Männchen und sprach: »Was gibst du mir, wenn ich dir das Stroh zu Gold spinne?« Das Mädchen gab sein Halsband. Das Männchen setzte sich vor das Spinnrad, und schnurr! schnurr! schnurr! dreimal gezogen, war die Spule voll. Und schnurr! schnurr! schnurr! dreimal gezogen, war auch die zweite Spule voll. So ging's fort bis zum Morgen. Da war alles Stroh zu Gold gesponnen.

Als der König das Gold erblickte, freute er sich. Gleich sperrte er die Müllerstochter in eine neue Kammer voll Stroh, die noch viel größer war. Er verlangte von ihr, auch dieses Stroh in einer Nacht zu Gold zu spinnen, wenn ihr das Leben lieb wäre. Wieder weinte die Müllerstochter, bis das kleine Männchen erschien. Diesmal schenkte sie ihm ihren Ring vom Finger. Schon fing das Männchen an zu schnurren mit dem Rad. Und am Morgen war alles Stroh zu Gold gesponnen.

Als der König das Gold erblickte, freute er sich mächtig, war aber immer noch nicht zufrieden. Er brachte die Müllerstochter in eine noch größere Strohkammer und sagte: »Wenn du mir bis morgen dieses Stroh zu Gold spinnst, sollst du meine Frau werden.« Als das Mädchen allein war, kam das Männchen zum dritten Mal. Es fragte: »Was gibst du mir, wenn ich dir helfe?« Aber die Müllerstochter hatte nichts mehr zu verschenken.

»So versprich mir, wenn du Königin wirst, dein erstes Kind!« Da fiel es dem Mädchen wie Schuppen von den Augen. »Du spinnst!« rief das Mädchen dem

Männchen zu. »Niemals werde ich diesen abscheulichen König heiraten! Niemals würde ich mein Kind hergeben!«

»Ich spinne nicht! Ich spinne nie mehr!« schrie das Männlein wütend. »Ich habe umsonst gesponnen!« Das Männlein stieß mit dem rechten Fuß vor Zorn so tief in die Erde, daß die Kammertür aufsprang. Da lief die Müllerstochter in die weite Welt hinaus und war gerettet.

# Kurzmärchen, handelt davon, was einer lernen kann

## Hans Georg Lenzen

Da war ein junger Mann in der Stadt, und der bekam die Nachricht, daß ein entfernter Verwandter gestorben war, der hatte ihm ein Haus auf dem Land vererbt. Das Haus war in gutem Zustand und gefiel dem jungen Mann nicht schlecht; denn es hatte einen großen Garten mit allerhand Blumen und Büschen und Bäumen. Der neue Hausbesitzer ging, so oft er konnte, in den Garten und sah sich an, was da alles wuchs und blühte. Lieber Himmel, dachte er, ich muß meine Freunde und Bekannten fragen, was das alles sein kann – wer soll sich da allein auskennen? Besonders gefiel ihm ein Beet mit Blumen, die hatten kräftige Knollen und Blätter, schlanke Stiele und kugelförmige Blütendolden, von denen ging ein eigenartiger Geruch aus. Der junge Mann schrieb an seine Freunde, er sei umgezogen und lebe jetzt auf dem Lande, und in seinen Briefen war auch die Rede von der Pflanze, die ihn so besonders interessierte. Ich lege euch ein paar Proben bei, schrieb er, vielleicht könnt ihr mir sagen, was das ist.

Nach einiger Zeit kam ein Brief von einem gelehrten Freund aus einer fernen Stadt. Der Brief war kaum zu verstehen; da gab es Hinweise und Abkürzungen in griechischer und lateinischer Sprache, Zahlenreihen und Zeichnungen, »Liliiflorae« und »Liliaceae«, und »Allium cepa L.«, »ätherische Öle« und »Scheindolde«, daß einem wirr im Kopf werden konnte.

»Aha«, sagte der junge Mann und sah sich die Blume noch einmal genau an. »So heißt das also – aber was ist es?«

Der zweite Brief kam von einem Lehrer aus den Bergen: »Hierzulande nennt man die Pflanze Oje, im Oberland heißt sie Bolle oder Oellig, Oelk oder auch Zippel, im Flachland Luuk.«

»Oho«, sagte der junge Mann zu sich, »wer hätte gedacht, was da alles dahinter steckt! Das wird ja richtig schwierig.«

Der dritte Brief kam von einem Maler und Dichter, der schickte eine Zeichnung von der Pflanze, die war schöner als die Pflanzen in Wirklichkeit, und am Rand hatte er ein Gedicht aufgeschrieben, das handelte von der Vergänglichkeit des Schönen und von den Jahreszeiten.

Donnerwetter, dachte der junge Mann. Er sah nachdenklich aus dem Fenster in den Sommerabend hinaus. Da ging draußen seine Haushälterin vorbei, die hatte ein Bündel Knollen, Blätter und Stengel unter dem Arm. »He, wohin damit?« rief der junge Mann. »Das sind doch meine Wunderblumen mit den hundert Namen! Was zum Kuckuck machen Sie damit?«

»Ich schneid' sie unter den Salat und unter die Kartoffeln, was sonst?« sagte die Haushälterin. »Die kleinen legen wir in Essig und die großen können wir trocknen, dann haben wir den ganzen Winter über genug. Habt Ihr denn in Eurem Leben noch keine Zwiebel gesehen?«

So ist das, dachte der junge Mann. Hat doch jedes Ding mehr Namen und Wirkungen, als in eines Menschen Kopf hineinpassen!

Und so ist das wirklich. Kein Mensch – und wär er der Klügste oder der Mächtigste – kann im Ernst behaupten, er habe die Wahrheit und die Wissenschaft für sich allein gepachtet.

# Dornröschen

## Josef Wittmann

*Schlaf weiter:*

*Ich bin kein Prinz,*
*ich hab kein Schwert*
*und keine Zeit*
*zum Heckenschneiden*
*Mauerkraxeln*
*Küßchengeben*
*und Heiraten…*

*Morgen früh*
*muß ich zur Arbeit gehen*
*(sonst flieg ich raus)*

*Ich muß zum Träumen*
*auf den Sonntag warten*

*und zum Denken auf den Urlaub*

*Schlaf weiter*
*und träum die nächsten hundert Jahre*
*vom Richtigen*

# Der schwarze und der weiße Kieselstein Neues aus der »David-Goliath«-Serie

Wolf Wondratschek

Seit sich diese beiden berühmten Männer, vor vielen Jahrhunderten von Jahren, zum erstenmal in einer Auseinandersetzung gegenüberstanden, geht das Gerücht, der kleine Mensch David habe den großen Menschen Goliath besiegt.

Die Geschichte wurde, wegen ihrer ganz unwahrscheinlichen Pointe natürlich, beliebt und blieb im Gedächtnis der einfachen Menschen, gerade weil sich ihr alltägliches Leben so wenig mit dem Ausgang dieser historisch-legendären Begegnung vergleichen ließ.

Sie erzählten sich deshalb, in immer neuen Variationen, von der Niederlage des Mächtigen gegen den Ohnmächtigen. Eine, die mir erst neulich zu Ohren kam, ist folgende.

Goliath ist ein reicher Mann, David ein armer Mann geblieben. So entstand die Situation, daß David bei Goliath in Schulden geriet.

Goliath empfängt David im Park seines Hauses, spricht mit ihm über die Rückzahlung der Schulden, weiß selbstverständlich, daß David zu diesem Zeitpunkt unmöglich zahlen kann. Im Gegenteil, er ist – auch durch den hohen Zinssatz – noch mehr verarmt.

Sie stehen auf dem Rasen, eingefaßt von einem Weg, der übersät ist mit schwarzen und weißen Kieseln.

Goliath kommt eine Idee. »Machen wir es so, David«, sagt Goliath, »machen wir eine Wette um die Schulden.« Er bückt sich, nimmt einige Kieselsteine vom Weg und beginnt zu erklären; dabei wirft er die Steine einzeln auf den Weg zurück. »Hören Sie, ich nehme zwei Kieselsteine, einen schwarzen und einen weißen – ziehen Sie einen schwarzen Kiesel, haben sich Schulden und Zinsen verdoppelt, Sie haben verloren! Ziehen Sie einen weißen Kiesel, sind Ihre Schulden erlassen, einschließlich der Zinsen.«

Goliath wartet auf Davids Reaktion.

»Verstanden?«

David bleibt nichts anderes übrig, als die Wette zu akzeptieren. Er fürchtet nicht nur Goliaths Zorn, sondern auch seinen Einfluß in der Gesellschaft.

»Einverstanden!«

Goliath nimmt einen Beutel aus der Tasche und bückt sich, um die beiden Kieselsteine aufzuheben. Aber statt des einen schwarzen und des einen weißen Steins nimmt er, ohne jede Anstrengung, den Tatbestand zu verheimlichen, zwei schwarze Kieselsteine – und legt sie in den Beutel. »Wähle!« fordert er David auf.

Natürlich hat David gesehen, was Goliath getan hat. Er bietet ihm eine Wette an, bei der er nicht die geringste Chance besitzt. Aber wie kann ich, denkt er, diesen mächtigen Mann des Falschspiels beschuldigen, ohne in Schwierigkeiten zu geraten, die für einen einfachen Menschen wie mich einfach unabsehbar sind?

»Was ist?!« fragt Goliath und hält ihm den Beutel hin.

Der Gedanke an die zynische Bosheit Goliaths läßt ihn noch mehr zittern als die Verzweiflung, in weniger als einer Minute um das Doppelte aller Schulden und Zinsen ärmer geworden zu sein. Beim Herausnehmen des Steins zittert er so sehr, daß ihm der Stein entgleitet und zu Boden fällt – auf den Weg mit lauter schwarzen und weißen Kieseln.

Keiner der beiden Männer hat die Farbe des Steins erkennen können.

»Und jetzt?!« fragt Goliath. »Was jetzt?!«

David reagiert rasch. »Wenn in diesem Beutel«, sagt er und deutet auf den Beutel in der Hand Goliaths, »wenn da ein schwarzer Stein ist, dann muß ich einen weißen gezogen haben...«

Goliath tut so, als verstünde er nicht, schweigt, versucht etwas zu sagen, aber er spürt auch, daß er die Wette verloren hat.

»Schauen wir«, sagt David, aber Goliath winkt ab, steckt den Beutel samt Stein in die Jackentasche und nickt. Er läßt den kleinen Menschen David nach draußen begleiten, ohne ihm die Hand gegeben zu haben, ohne jedes weitere Wort.

Wieder, denkt David, hat der Ohnmächtige gesiegt. Wenigstens in den Geschichten der Leute.

# Ein echtes deutsches Haus-Märchen

Werner Schmoll

Meine Großmutter hat mir nie Ratschläge erteilt. Wie man zum Beispiel bei Tisch sitzen muß. Wahrscheinlich hielt sie das für sinnlos. Zur Belehrung hat sie mir lieber Märchen erzählt. Zuerst bekannte, die sie einfach umänderte. Das tat sie deshalb, um meinen Großvater zu ärgern. Mein Großvater glaubte felsenfest daran, was auf gedrucktem Papier stand. Er konnte sich maßlos darüber aufregen, wenn Großmutter falsch erzählte. Dann stritten sie eine Weile, und ich schlief ein. Das lag auch daran, daß ich sämtliche Märchen auswendig kannte. Außerdem erzählte Großmutter sehr ausführlich. Dabei saßen wir in unserer Küche am Ofen. Ich auf dem Kohlenkasten, Großmutter auf einer hohen Fußbank. Großvater schlief meistens nebenan in der Stube. Aber manchmal kam er in die Küche und weckte mich. Ich schlief mitunter sehr fest. Einmal war ich gerade an der Stelle eingeschlafen, wo dem Wolf der Bauch aufgeschlitzt werden sollte. Von diesem Tag an lief Großmutter mit einem nachdenklichen Gesicht umher, und ich wartete einige Wochen, was geschehen würde. Aber es geschah überhaupt nichts. Großmutter blieb stumm. Und so wäre es auch geblieben, wenn Großvater nicht selber damit angefangen hätte. Er brachte es im Laufe der Jahre auf drei oder vier Märchen. Leider waren sie etwas traurig, so daß ich sie hier nicht alle wiedergeben kann. Ich glaube, das traurigste lautete: Der König mit der eisernen Zunge. Meine Großmutter erfand im Laufe der Jahre sogar acht Märchen. Sie waren fast noch besser als die meines Großvaters, aber ziemlich konfus. Arme Könige und reiche Bettler kamen unverhofft darin vor – meine Großmutter hielt in ihren Märchen nicht viel auf Ordnung, das heißt, sie trennte nicht so genau zwischen gut und bös. Dafür hatten ihre Märchen meistens ein lustiges Ende. Manche überhaupt keins. Ganz selten aber endeten sie traurig. Das hing meistens auch davon ab, welcher Tag gerade war. Freitags, wenn mein Großvater Lohn nach Hause gebracht hatte, der sowieso nie reichte, kam Großmutter auf die verrücktesten Ideen. Verständlich, daß ihre Märchen ungefähr ab Mittwoch nicht von der heitersten Sorte waren. Da zählte sie die restlichen Groschen zusammen, und natürlich verfiel sie dann in einen recht barschen Tonfall. An einem Donnerstag erzählte sie »Das Märchen von den zwei ungleichen Brüdern«.

Wir saßen wie üblich in der Küche. Diesmal schlief Großvater nicht. Er argwöhnte, daß Großmutter dieses Märchen nur erzählen wollte, um ihn zu ärgern. Großvater hatte einen Bruder, der es auch zu nichts gebracht hatte. Aber Großmutter meinte, daß er wenigstens mehr Phantasie als Großvater hätte.

Es lebten einmal zwei Brüder, begann Großmutter mit ihrer barschen Stimme.

So, so, sagte Großvater. Zwei Brüder also.

Diese zwei Brüder lebten vor mehr als vielen Jahren, fuhr Großmutter unbeirrt fort. Aber sie waren sehr verschieden; der eine war nämlich groß und der andere klein. Deshalb sah der Kleine nicht so viel wie der Große. Und darüber war der Große etwas traurig.

Wie traurig? fragte ich auf meinem Kohlenkasten. Hat er richtig geheult?

Nein, sagte die Großmutter. Das hat er nicht getan. Er war ganz einfach traurig. Damals gab es das noch, daß man ohne Grund traurig sein konnte. Manchmal nur, wenn im Herbst die Blätter von den Bäumen fielen. Denn die beiden Brüder wohnten unter einem Baum mitten im Wald...

Das ist wirklich ein Grund zum Heulen, meinte Großvater. Wie kann man bloß unter einem Baum wohnen.

Darauf kommt es gar nicht an, sagte Großmutter. Außerdem waren zu dieser Zeit noch keine Häuser erfunden worden, und die beiden saßen eben unter diesem Baum. So vergingen viele Jahre. Eines Tages verlor der Baum, unter dem sie wohnten, seine Blätter. Auf einmal kam ein ganz seltenes Blatt angeflogen, und der Große sagte: »Siehst du das Blatt, Kleiner?«

»Na ja«, meinte der Kleine. »Warum sollte ich es nicht sehen? Es ist ein bißchen kleiner als die anderen.«

Aber der große Bruder erwiderte nichts darauf. Und am nächsten Tag kam wieder ein seltenes Blatt angeflogen. »Hast du das gesehen?« fragte der Große.

»Aber ja doch«, sagte der Kleine. »Es ist schon gelb geworden. Das liegt am Herbst.«

»Ich sehe mehr«, sagte der Große.

»Ich nicht«, sagte der Kleine.

Und am nächsten Tag kam wieder ein Blatt angeflogen, das war noch seltener, und der Große sagte: »Das wundert mich, Kleiner. Irgend etwas muß es mit den Blättern auf sich haben.«

»Vielleicht liegt's daran, daß du manchmal traurig bist?« sagte der Kleine.

»Kann sein«, sagte der Große. »Ich weiß auch nicht, was mit mir ist. Ich muß bald weg.«

»Wohin?« fragte der Kleine.

»Irgendwohin«, sagte der Große. »Vielleicht ans Ende der Welt. Das hätte ich gern einmal aus der Nähe gesehen. Vielleicht gehe ich auch bloß dahin, wo am Abend die Sonne versinkt.«

»Ist das sehr weit?« fragte der Kleine.

»Ich weiß nicht«, sagte der Große. »Vielleicht hilft mir jemand.«

Da kam wieder ein Blatt angeflogen. Und als das Blatt den Großen sitzen sah, sagte es: »Warum bist du so traurig?«

»Ich muß weg«, sagte der Große. »Ich will die Sonne suchen.«

»Das kannst du«, sagte das Blatt. »Du mußt nur immer geradeaus gehen. Da kommst du genau hin.«

»Und wie geht es zurück?«

»Auf demselben Weg«, sagte das Blatt.

Da blickte der Große in den Himmel hinauf. Aber ganz weit hinten schien die Sonne.

»Mit wem hast du gesprochen?« fragte der Kleine.

»Mit niemand«, sagte der Große. »Es war nur ein Blatt.«

Und der Kleine blickte zu dem Baum auf, und da dachte er: Wenn er nur nicht immer so traurig wäre. Und dann kam die Nacht. Und dann der Morgen. Da sagte der Große: »Ich muß nun gehen, Kleiner.«

»Komm bald wieder«, sagte der Kleine. »Ich warte hier. Und sei nicht mehr so traurig.«

»Nein«, sagte der Große. »Ich bin nicht mehr traurig.«

Und er machte sich auf den Weg. Aber die Sonne war sehr weit. An manchen Tagen, wenn sie nicht schien, wußte der große Bruder gar nicht mehr, wo er hinlaufen sollte. Und eines Tages hatte er auch den Weg zu seinem kleinen Bruder verloren. Da setzte er sich unter einen Baum, auf dem eine Nachtigall ihr Nest hatte.

»Du kommst überall herum«, sagte der Große. »Weißt du nichts? Keinen Weg, der zurück führt?«

»Alle Wege führen zurück«, sagte die Nachtigall. »Was suchst du denn?«

»Meinen Bruder.«

»Ist das der, der unter dem Baum wohnt?«

»Ja, das ist er«, sagte der Große.

»Wie heißt der Baum?« fragte die Nachtigall.

»Das weiß ich nicht. Der hatte keinen Namen.«

»Dann kann ich dir nicht helfen«, sagte die Nachtigall. »Such nur weiter.«

Da ging der Große wieder geradeaus. So kam er durch die ganze Welt. Einmal traf er einen Hahn. Der war schön bunt. Blau, rot, grün, gelb und schwarz.

»Was suchst denn du?« fragte der Hahn.

»Alles«, sagte der Große. »Aber ich kann nichts finden. Komm doch mit.«

»Ich will nicht«, sagte der Hahn. »Ich habe schon alles.«

Da ließ der Große den Hahn stehen und lief weiter. Und er lief und lief und lief, immer der Sonne entgegen...

Aber den Weg nach Hause hat er nie wieder gefunden, schloß Großmutter. Danach seufzte sie ein bißchen.

Und weiter? sagte ich. Wie geht der Schluß?

Das ist eigentlich alles, sagte Großmutter. Denn was danach geschah, das ist schon eine andere Geschichte. Und die handelt von einem König. Der große Bruder wurde nämlich eines Tages König.

Was? rief Großvater erschrocken. Ganz ohne Heldentaten?

Meine Märchen sind eben so, meinte Großmutter. Außerdem hat der große Bruder einige Heldentaten vollbracht. Ich habe sie nur weggelassen, weil sie nicht sehr ins Gewicht fallen. Denn er hatte ja schon seine größte Heldentat vollbracht, als er von zu Hause wegging. Und durch seine Weltreisen ist er ein kluger Mann geworden. Und eines Tages hat man ihn zum König auserkoren.

Mein Großvater räusperte sich. Ich war stürmisch begeistert und klatschte.

Bedauerlicherweise nahm es aber kein gutes Ende, sagte Großmutter.

Sonst wäre die ganze Geschichte langweilig, meinte Großvater.

Am nächsten Abend begann Großmutter mit der Geschichte vom unglücklichen König. Sie zog sich über ein viertel Jahr hin. Großmutter erzählte sie anfangs auf sehr herkömmliche Weise. Außerdem hatte sie Schwierigkeiten, das Unglück des Königs einleuchtend zu begründen. Der König fühlte sich manchmal schrecklich einsam. Er war nämlich nebenberuflich Wissenschaftler und beschäftigte sich hauptsächlich mit der gesunden Ernährung der Bevölkerung. Nach langjährigem Forschen war er zu der Erleuchtung gekommen, daß Ziegenmilch besser sei als dieses unzuverlässige Erzeugnis der Kuh. Aber wie das im Leben so ist: Die Geschmäcker sind verschieden. Der König stieß auf gewissen Widerstand. Es bildeten sich verschiedene Gruppen: Ziegenmilchtrinker, Kuhmilchtrinker. Und andere Trinker. Zu diesen zählten bedauerlicherweise der Armeegeneral und der Zauberer.

Großvater schlug sich auf die Seite der Nichttrinker. Ich lauschte entsetzt. Ich war begeisterter Milchtrinker und verstand nicht die Widersprüche. Doch die spitzten sich erheblich zu. Der General und der Zauberer lehnten es ab, Milch zu trinken. Sie planten Tücken. Das Volk schwankte zwischen Ziegen- und Kuhmilch. Der König zog sich gekränkt zurück und widmete sich anderen Aufgaben. Er kam zu der Erleuchtung, daß Musik für das Volk noch besser sei als Milch, und suchte häufig die Oper auf.

So vergingen viele Jahre. Aber in dieser Zeit schmiedeten der Zauberer und der General immer tückischere Pläne.

Gesagt, getan.

Eines Tages war Großmutter soweit, die Pläne in die Praxis umzusetzen. An einem regnerischen Sonnabend begab es sich, daß der König in seinem einsamen Zimmer saß. Sein Trübsinn war groß. Deshalb klimperte er zur Erheiterung eine Weile auf dem Klavier herum.

Großvater aß unterdessen die üblichen Pellkartoffeln. Ein alter blinder Hering hing von der Decke herab.

Der Zauberer wollte den einsamen König in eine Maus verwandeln. Das tat dem General, der sehr gutmütig war, ziemlich leid. Er griff sich einige Male an seine Orden, wo das Herz darunter saß. Großmutter schilderte uns, wie es dabei klimperte. Der König spielte oben einige schöne Lieder. Diese waren sehr herzzerreißend, so daß dem General die tückischen Pläne wie ein Stein auf dem Herzen lagen. Aber der böse Zauberer brachte das Milchproblem zur Sprache. Im großen Rittersaal war es unheimlich still. Man hörte nur die Herzen der beiden Männer schlagen, während oben der König ahnungslos an die Geschicke seines Landes dachte. Dabei begleitete er sich auf dem Klavier.

Großmutter band den Hering ab und machte eine Pause. Sie war unsicher geworden. Sie legte den Hering sorgfältig in den Kühlschrank und erklärte, daß ihr der König außerordentliche Schwierigkeiten bereite. Sie meinte, daß sie in ihrem Leben noch keinen König gesehen hätte. Außerdem wäre sie ungeübt darin, das Seelenleben von Königen verständlich zu gestalten. Im Laufe der nächsten Wochen, die auf das Frühjahr fielen, gewann sie ihre Sicherheit zurück. Vom Hering fehlte der Kopf. Dafür hatte der Zauberer seine alte Schaffenskraft zurückgewonnen.

»Gelernt ist gelernt«, sagte er im unheimlich stillen Rittersaal. Natürlich gab es noch einige Schwierigkeiten. Die Experimente des Zauberers bezogen sich bisher nur auf Tiere. Ohne weiteres konnte er Kaninchen aus seinem Hut zaubern, aber die Verwandlung von Tieren in Menschen war ihm noch nicht gelungen. Das betrübte ihn. Aber er ging mit größter Leidenschaft ans Werk. Er lieh sich sogar beim König einschlägige wissenschaftliche Werke aus. Durch mangelhafte Vorkenntnisse verstand er sie nicht und geriet in Verzweiflung. Er verfluchte seinen Beruf, doch der General tröstete ihn.

Da verfiel der Zauberer eines Tages auf eine geniale List. Er nahm Abstand von der Zauberei und widmete sich der Verbreitung von Gerüchten. Darin ungeübt, glaubte er, daß es schon genüge, verbreiten zu lassen, der König wäre von einem Drachen gefressen worden. Selbstverständlich wollte man den König verschonen und weiter nichts unternehmen, als ihn in ein gewisses Loch zu stecken. Der General hatte einige Bedenken. Er hielt den Plan aus folgenden Gründen für undurchführbar. Das ginge ja nicht, meinte er im unheimlich stillen Saal, während der König oben den Frühlingswalzer spielte. Das ginge nun wirklich nicht. Wie könnte man den König in ein finsteres Loch stekken, wenn er von einem Drachen gefressen worden ist.

»Nun«, sagte der Zauberer betroffen. »Diesen Umstand habe ich nicht berücksichtigt. Auch Zauberer sind nicht ohne Fehler.«

Dem pflichtete der General bei. Er gab zu, daß auch

ihm mitunter Fehler unterlaufen würden. Sehr selten natürlich.

Über diese Streitigkeiten nahm das Frühjahr immer mehr seinen Verlauf. Einige Bäume begannen bereits mit dem Blühen. Die Schwierigkeiten wurden schier unbegreiflich, als es der Zauberer erneut versuchte. Großvater aß in der Aufregung den gesamten Hering auf, und wir durchlebten unglückliche Wochen. Doch Großmutter tröstete uns durch Märchen. Ihre Überlegungen waren soweit gediehen, daß der Zauberer eine kleine Ansprache halten sollte. »Meine Damen und Herren!« sagte er zum General. »Nach reiflicher Überlegung bin ich zu dem Ergebnis gekommen, daß zur Beseitigung des Königs nur eine sorgfältig durchdachte Zauberei in Frage kommt!« Und damit schritt er erhobenen Hauptes und mit erhobenen Armen durch den gespannten Rittersaal. Dabei rief er:

»Hokus – pokus.
Lokus – jokus.
Weiße Maus und graue Maus,
treibe unsern König aus.«

Und genau dies schien gewirkt zu haben. Denn oben wurde es noch stiller als in dem unheimlich stillen Rittersaal. Da dachte der Zauberer, daß der Spruch seine Wirkung getan hätte. Und er rief: »Bist du noch König? Oder bist du schon eine Maus?

»Oh«, rief da der König. »Ich fühle, wie ich immer kleiner werde. Und mein Thron wird immer größer. Ich komme schon nicht mehr hinauf. Zu Hilfe, ihr Leute!«

Eintrittspreis für die
Jugendvorstellung
2.50
ORCHESTER
PARTERRE
PARKETT
Studenten
MIT AUSWEIS
4.00

Aber das war eine Täuschung. Denn der König hatte von den Machenschaften im Rittersaal vernommen und gedachte, den Zauberer und seinen General einer Prüfung zu unterziehen. Also versteckte er sich hinter den Gardinen. Alsbald kamen die beiden eilig die Treppe heraufgestiegen, und da sie nicht sahen, wie sich der König hinter den Gardinen versteckt hielt, betrachteten sie sich den vereinsamten Thron. Da entstand abermals eine unheimliche Stille. Und sie lastete dem General dermaßen auf der Seele, daß er rief:

»Wo bist du, mein König?
Der Thron ist leer,
und ich hab' keinen König mehr.«

Das erfreute den Zauberer über alle Maßen; denn er wollte selber König werden. Es erfreute ihn auch, weil ihm der Zauber wider Erwarten schonungslos gelungen war, und er schwieg still vor sich hin. Doch der General, der seit einiger Zeit gern einmal auf einem Thron gesessen hätte, ging in diese Richtung. Aber es war eine falsche Richtung. Denn der General – so fügte meine Großmutter hinzu, weil ihr unverhofft diese Idee gekommen war – war äußerst kurzsichtig. Aus diesem einleuchtenden Grund schritt er zum Kamin und setzte sich in die glühenden Kohlen. Und als seine Hosen zu brennen anfingen, sprang er behend auf und rief: »Der König sitzt unter dem Thron und speit Feuer. Zu Hilfe, ihr Leute. Der Zauberer hat den König leider in einen Drachen verwandelt.«

Danach rannte er wie vom Teufel besessen die Treppe hinauf. Und der Zauberer spornstreichs hinterher.

Im Rittersaal verbargen sie sich unter dem Tisch. Dort lagen sie eine geraume Zeit. Die Situation war sehr angespannt. In unserer Küche herrschte beängstigende Stille. Großvater stopfte aufgeregt seine Pfeife. Zum Schluß streute er eine Prise Salz darauf. Die Lage wurde immer gespannter. Der General forderte Aufklärung. Er warf dem Zauberer Verantwortungslosigkeit auf der ganzen Linie vor.

»Man zaubert nicht auf blauen Dunst«, schnarrte er mißgestimmt. »Sehen Sie zu, wie Sie die Sache wieder in Ordnung bringen, Mann! Worauf warten Sie noch?«

Großvater rieb sich paffend die Hände.

Der Zauberer war ein eitler Fatzke. Er verbat sich solche Töne. Das könnte der General mit seinen Feldwebeln machen, meinte er belustigt. Einen Angriff auf seine Ehre müsse er hartnäckig zurückweisen.

»Welche Ehre?« fragte der General. »Haben Sie überhaupt eine?«

Der Zauberer erkundigte sich spöttisch, wo denn die des Generals geblieben sei. »Ha«, lachte er schrill. »Vielleicht unter diesem Tisch?«

»Das lassen Sie am besten meine Sorge sein«, sagte der General betont heiter. Daraufhin bemühte er sich, seine Haltung in Ordnung zu bringen. Seine Lage war besonders kompliziert. Er hatte seine Ausgehuniform an. Die Hosen saßen etwas eng, der Tisch klein, das machte die Situation nur noch gespannter. Unglücklicherweise mußte der General knien, das steigerte die Spannung zusehends. Die Lage war zum Zerreißen.

Großvater kaute erregt am Pfeifenmundstück.

Da erklang von oben herab eine Stimme. Danach Schritte. Dann Stimme und Schritte zusammen.

»Der König singt wieder«, sagte der General ergriffen.

Der Zauberer erbleichte gelassen.

Man kroch unter dem Tisch hervor. Und der Tag nahm in Ruhe und Frieden seinen Verlauf. Der König sang oben. General und Zauberer saßen einträchtig im großen Rittersaal.

Ich mußte ins Bett und verbrachte eine unruhige Nacht. Ich argwöhnte nicht zu Unrecht, daß der Zauberer seine Pläne nicht aufgeben würde. Nun, das war auch so, erklärte Großmutter an einem aufregenden Abend. Sie scheute keinerlei Mühe, uns mit den Raffinessen des Zauberers vertraut zu machen. Unsere Küche glich nach einiger Zeit der Bühne eines Vorstadttheaters. Großmutter, zu ungeahnter Form aufsteigend, spielte mehrere Rollen zugleich. Der Zauberer hatte sich folgende Gemeinheit ausgedacht: Direkter Überfall im nahegelegenen Wäldchen. Ohne jegliches Blutvergießen. Man wollte die sogenannte Schrecksekunde ausnutzen. Der König hatte ein gefährliches Herzleiden. Das sollte ausgenutzt werden. Der Plan war denkbar einfach. Großmutter hatte tagelang daran gearbeitet. Unter uns – wir wohnten damals im dritten Stock – beklagte sich Familie Banascheck mit Besen-an-die-Decke-stoßen über eine zu geräuschvolle szenische Darstellung.

Großmutter setzte sich auf die Fußbank. Dadurch trat eine unerhörte Wendung ein. Zauberer und General näherten sich dem königlichen Wald. Die Wipfel rauschten schwermütig. Eine vereinsamte Nachtigall verdeutlichte die Abendstimmung. Von fern hörte man den König. Er kam aus der Oper. Er war tief ergriffen. Die unerhörte Wendung nahm ihren Verlauf. Im Herzen des Generals regte sich die Treue zu seinem König. Das lag daran, daß:

1. eine kolossale Abendstimmung herrschte
2. die Nachtigall sang
3. der König die Arie des Papageno intonierte.

Die Vorstellung war gegen zweiundzwanzig Uhr beendet. Ungefähr zweiundzwanzig Uhr dreiunddreißig durchschritt der König singend den Wald. Es war Mischwald. Der Mond schien. Ich war ziemlich neugierig, was weiterhin geschehen würde. Aber man hörte bislang nur den schönen Bariton des Königs. Großvater und Zauberer seufzten unverhohlen. Der General faßte einen schweren Entschluß: »Treten wir vom Plan zurück!« sagte er soldatisch knapp. »Ich bringe es nicht übers Herz, dem König ein Leid zuzufügen.«

»Nun«, sagte der Zauberer mit belegter Stimme. »Das ist auch meine Absicht. Er ist kein schlechter König.«

In unserer Küche herrschte ungewöhnliche Stille.

Und wie geht es weiter? fragte Großvater.

Großmutter wußte es auch nicht. Was ein bißchen Einsicht manchmal ausmachen kann, sagte sie schließlich. Und ich hatte mir einen so schönen Schluß ausgedacht. Ich wollte nämlich den Zauberer einer harten Prüfung unterziehen.

Wozu? meinte Großvater. Er hat doch Einsicht

gezeigt, und das ist doch manchmal eine große Heldentat. Und lieber eine stille Heldentat als eine falsche.

Und dabei blieb es.

Großvater stand auf und ging ins Wohnzimmer. Großmutter löschte das Licht, und ich mußte ins Bett. Am nächsten Morgen sagte Frau Banascheck zu mir: Ach, mein Junge, waren wir froh, daß dem König nichts passiert ist.

# Der kleine König

## Hans-Joachim Gelberg

Der kleine König steht vor dem Spiegel. »Wo ist meine Krone?« fragt er.

Aber der kleine Kammerherr hat sie zur Reparatur weggebracht. Etwas war nicht in Ordnung. Er hat die Krone in eine Aktentasche gepackt, gut in Seidenpapier eingeschlagen, und hat den Juwelier um rasche Arbeit gebeten. Denn Könige ohne Krone haben schlechte Laune.

»Gleich ist die Krone fertig«, sagt der kleine Kammerherr.

Der kleine König steht am Fenster und sieht dem kleinen Kammerherrn nach, der über die Straße läuft, um die Krone abzuholen.

Da kommt der kleine Weltreisende ins Zimmer. Er hat noch nicht einmal angeklopft, so eilig hat er es. »Wo ist der König?« fragt er.

»Ich bin der König«, sagt der kleine König.

»Du bist doch nicht der König«, sagt der kleine Weltreisende. »Könige tragen eine Krone.«

»Das ist richtig«, sagt der kleine König. »Dann müssen wir etwas warten. Meine Krone wird eben geholt.«

»Das ist schade«, sagt der kleine Weltreisende. »Ich hätte so gerne einen König gesehen.«

»Wir müssen warten«, wiederholt der kleine König.

Vielleicht gibt es keine Könige mehr, überlegt der kleine Weltreisende.

Da kommt der kleine Kammerherr zurück. Vorsichtig öffnet er die Aktentasche, raschelt mit dem Seidenpapier. Schließlich kommt die Krone zum Vorschein. Sie blitzt und funkelt wie neu, und der kleine Kammerherr setzt sie dem kleinen König auf.

»Oh, ein König«, sagt der kleine Weltreisende und geht zufrieden davon.

# Frau Holle

## Rolf Krenzer

*Alte Frau mit großem Haus*
*schaut nach Haushaltshilfe aus.*
*Armes Mädchen grade richtig:*
*Dumm und tüchtig. Das ist wichtig!*
*Ist nicht gewerkschaftlich gebunden*
*und schafft drum viele Überstunden.*
*Erste Schwester, lieb und hold.*
*Kleine Anerkennung: Gold.*

*Alte Frau mit großem Haus*
*schaut wieder nach Haushaltshilfe aus.*
*Zweites Mädchen arm, doch gewitzt,*
*meint: »Hier werde ich ausgenützt!*
*Ich schüttel die Betten, putze und koche,*
*doch nur in der Vierzig-Stunden-Woche.«*
*Zweite Schwester frech.*
*Pech.*
*Moral:*
*Wer nicht weiß, was Arbeitsschutz bedeutet,*
*wird bis heute noch immer ausgebeutet.*

# Der Riese und der Schneider

## Janosch

Es war einmal ein Schneider, der war schwach wie ein Wurm, dabei aber ein richtiges Großmaul. Überall spielte er sich auf, protzte mit seiner Kraft und markierte den starken Maxe. Einmal fuhr er in der Straßenbahn. Da sah er einen Riesen sitzen. So einen dicken, starken Riesen mit Muskeln wie Krautköpfe, einem Kopf wie ein Bierfaß. Er saß dort mit seinem Hinterteil gleich auf drei Plätzen.

»Dem werde ich's zeigen«, dachte der Schneider und stellte sich direkt neben ihn.

Alles war verboten in der Straßenbahn, überall hingen Schilder: Auf den Boden spucken verboten!
Scheiben beschmieren verboten!
Rauchen verboten!
Fahrgäste belästigen verboten!

Und der Schneider spuckte auf den Boden. Direkt vor dem Riesen.

»Holla«, dachte der Riese, »der traut sich aber was! Wenn sie den erwischen!«

Dann beschmierte der Schneider die Scheibe mit seiner dreckigen Hand.

»Mann, o Mann«, dachte der Riese, »das würde ich mich nicht trauen. Der wagt ja mehr als die Polizei.«

Jetzt holte der Schneider eine Zigarette aus der Tasche, zündete sie an und paffte dem Riesen direkt ins Gesicht.

Der Riese hustete schon, guckte den Schneider von der Seite an und zog den Kopf zwischen die Schultern. »Na«, dachte er, »wenn das bloß gut geht! So viele Straftaten auf einmal, da gehört gewaltiger Mut dazu. Den können sie ja glatt auf drei Monate ins Kittchen stecken.

Aber was tat der Schneider nun? Er drückte die Kippe nicht erst lange aus, sondern steckte sie dem Riesen in die Jackentasche. Oben links, wo das kleine Taschentuch als Verzierung drinsteckt. Dort fing es auch sofort an zu glimmen und zu stinken und zu qualmen und zu schwelen, und der Schneider fing obendrein noch an, den Riesen zu belästigen: »He, Sie, Mann«, sagte er, »das ist doch wohl die Höhe! Qualmen hier herum, stinken aus der Tasche, da werde ich mich beschweren, jawohl!«

Der Riese, der doch ein Riese war und stark, war aber auch etwas einfältig und dachte: »Wer sich so aufführt, der kann wohl mehr, als Sauerkraut essen«, und wäre froh gewesen, den Schneider los zu sein.

Da kam der Kontrolleur. Als der Schneider keine Fahrkarte hatte, warf der Kontrolleur ihn hinaus. Da freute sich der Riese und schaute aus dem Fenster, wie er zu Fuß hinter der Straßenbahn herlaufen mußte, der freche Schneider.

# Neues vom Rumpelstilzchen

Richard Bletschacher

*Dem Rumpelstilzchen geht's nicht gut,*
*ihm ist so zweierlei zumut.*
*Jähzornig ist es von Natur,*
*von Selbstbeherrschung keine Spur.*

*Noch gestern war es quicklebendig,*
*doch heute hat es sich eigenhändig*
*der Länge nach entzweigerissen,*
*drum geht es ihm gar so beschissen.*

*Da liegt es nun im Krankenhaus*
*und sieht nicht sehr erfreulich aus.*
*Die Schwestern sind dort wirklich nett*
*und geben ihm ein Doppelbett.*

*Aus dieser leidigen Affäre*
*zieht es nun hoffentlich die Lehre,*
*sich zweimal erst zu überlegen,*
*ob es sich lohnt, sich aufzuregen.*

# Die Bremer Stadtmusikanten

Rolf Krenzer

*Esel, Katze, Hund und Hahn*
*hatten sich zusammengetan.*
*Beim Sender Bremen, iah und miau,*
*da hofften sie auf eine Musikshow.*
*Der Weg zum Starruhm ist lang & schwer,*
*und Heuler gibt es wie Sand am Meer.*
*Doch trafen die vier im Walde tief*
*schon bald ein Räuberkollektiv.*
*Die hatten dort ein Haus besetzt*
*und bildeten eine Kommune jetzt.*
*Es gelang den vieren im Dunkel der Nacht*
*das Haus zu erobern, denn Angst schafft Macht.*
*Sie zerschlugen das Räuber-Kollektiv*
*mit iah und wauwau, so primitiv.*
*Moral:*
*Weil niemals die vier nach Bremen gekommen,*
*werden weiterhin Schnulzen aufgenommen.*

# Das Märchen vom Dis

## Reiner Kunze

Eine Großmutter sang ihrer kleinen Enkelin das Abendlied. Der Ton Dis aber stahl sich davon. Auf einen Ton mehr oder weniger kommt's nicht an, dachte er und ging bummeln. Halb Seelenhauch, halb Kehlenhauch schwebte er durch die Luft, über sich die Sterne, unter sich die Lieder der Grillen, Katzen und Frösche. Er suchte sich das Lied einer Grille aus und ließ sich in ihm nieder. Doch die Grille verwechselte ihre Beine, als sie den Menschenton hörte in ihrem Gesang, und schwieg. Da suchte er sich das Lied einer Katze aus und ließ sich in ihm nieder. Doch die Katze schlang sich ein Knoten in den Schwanz, als sie den Menschenton hörte in ihrem Gesang, und sie schwieg. Da suchte er sich das Lied eines Frosches aus und ließ sich in ihm nieder. Doch der Frosch tauchte weg, als er den Menschenton hörte in seinem Gesang, und beinahe wäre der Ton Dis ertrunken.

Er wunderte sich über die Grille, die Katze und den Frosch.

Halb Seelenhauch, halb Kehlenhauch schwebte er in einen Saal, in dem ein Kapellmeister mit seinen Musikern probte, und gesellte sich zu einer lieblichen Flötenmelodie. Doch der Kapellmeister klopfte mit dem Taktstock aufs Pult und sagte: »Was ist das für ein Dis, es kommt von den Flöten und klingt nicht wie ein Flötenton!« Der Ton Dis hörte den Tadel und gesellte sich zu einer zärtlichen Oboenmelodie. Doch der Kapellmeister klopfte mit dem Taktstock aufs Pult und sagte: »Was ist das für ein Dis, es kommt von den Oboen und klingt nicht wie ein Oboenton!« Der Ton Dis hörte den Tadel und gesellte sich zu einer lustigen Klarinettenmelodie. »Himmeldonnerwetter«, rief der Kapellmeister, »was ist das für ein Dis, jetzt kommt es von den Klarinetten und klingt nicht wie ein Klarinettenton!« Dabei schlug er so aufs Pult, daß es zu weinen begann und sagte: »Liebes Dis, geh fort, denn ich bekomme deinetwegen Schläge.«

Der Ton Dis wunderte sich, daß das Pult seinetwegen Schläge bekam, und war traurig.

Halb Seelenhauch, halb Kehlenhauch schwebte er in die Oper. Auf der Bühne sang eine Sängerin ein Lied, das so traurig war wie er, und ihn ergriff eine große Sehnsucht, in diesem Lied zu sein. Kaum aber war er in ihm erklungen, begann das Publikum zu lachen, die Sängerin fiel in Ohnmacht, der Vorhang ging nieder, und der Operndirektor kam auf die Bühne gelaufen und raufte sich die Haare. »Ein Dis, das überhaupt nicht hineingehört! Und wie von einer Großmutter gesungen! Alles ist verdorben!«

Der Ton Dis war verzweifelt.

Halb Seelenhauch, halb Kehlenhauch schwebte er durch die Nacht und wußte nicht, wohin. Am Morgen hörte er ein kleines Mädchen ein Lied summen. Auf einmal hielt er inne, horchte in sich hinein und begann von vorn. Doch schien ihm in der Erinnerung ein Ton zu fehlen, denn es unterbrach sich von neuem. Da erkannte der Ton Dis das Abendlied, aus dem er sich davongestohlen hatte, und schwebte in die Erinnerung des Mädchens. Nun konnte es in sich das Abendlied hören, wie die Großmutter es gesungen hatte, und freute sich sehr darüber. Der Ton Dis aber war glücklich, denn er hatte den Platz wiedergefunden, an dem er gebraucht wurde und Freude bereitete.

Er begriff: Auf jeden Ton kommt es an... Und besonders in der Erinnerung eines Kindes.

# Der grüne Fuchs

## Max Bolliger

Der kleine grüne Fuchs wohnte am Waldrand auf einem Hügel. Wenn er vor seiner Höhle saß, sah er in der Nähe einen Bauernhof und in der Ferne die Türme der Stadt. Er hörte die Vögel singen, die Kühe muhen, die Mähmaschine knattern und das Läuten der Kirchenglocken. Er kannte den Tag und die Nacht, die Sonne, den Mond und die Sterne. Er kannte die Jahreszeiten, den Frühling, den Sommer, den Herbst und den Winter.

Seit der Jäger die Mutter totgeschossen hatte, war der kleine grüne Fuchs einsam. Er fand niemand, der mit ihm die Höhle teilen wollte, den Tag und die Nacht, den Frühling, den Sommer, den Herbst und den Winter.

»Nein!« sagten die roten Füchse. »Mit dir wollen wir nichts zu tun haben.«

Eines Tages jagte der kleine grüne Fuchs vor dem Bauernhof ein weißes Hühnchen. »Du gefällst mir«, sagte er, packte das Hühnchen und schleppte es nach Hause. »Willst du mit mir die Höhle teilen, den Tag und die Nacht, den Frühling, den Sommer, den Herbst und den Winter?« fragte er.

»Nein!« schrie das weiße Hühnchen, drückte sich in eine Ecke und zitterte vor Angst. Da wurde der kleine grüne Fuchs böse und aß es auf.

Bald darauf jagte der kleine grüne Fuchs im Rübenacker ein braunes Häschen. »Du gefällst mir«, sagte er, packte das Häschen und schleppte es nach Hause. »Willst du mit mir die Höhle teilen, den Tag und die Nacht, den Frühling, den Sommer, den Herbst und den Winter?« fragte er.

»Nein!« schrie das braune Häschen, drückte sich in eine Ecke und zitterte vor Angst. Da wurde der kleine grüne Fuchs böse und aß es auf.

Dann jagte der kleine grüne Fuchs am Fuß einer Tanne ein rotes Eichhörnchen. »Du gefällst mir«, sagte er, packte das Eichhörnchen und schleppte es nach Hause. »Willst du mit mir die Höhle teilen, den Tag und die Nacht, den Frühling, den Sommer, den Herbst und den Winter?« fragte er.

»Nein!« schrie das rote Eichhörnchen, drückte sich in eine Ecke und zitterte vor Angst. Da wurde der kleine grüne Fuchs böse und aß es auf.

Sie haben alle Angst vor mir, dachte der kleine grüne Fuchs. Er schlich durch den Wald. Er lief über Äcker und Wiesen und stand in der Dunkelheit allein vor dem Bauernhof. Er war traurig. Und da entdeckte der kleine grüne Fuchs am Gartenzaun eine Rose. »Du gefällst mir«, sagte er, brach die Rose und trug sie nach Hause. »Willst du mit mir die Höhle teilen, den Tag und die Nacht, den Frühling, den Sommer, den Herbst und den Winter?« fragte er.

»Ja«, sagte die Rose und erfüllte die Höhle mit ihrem köstlichen Duft. Aber am Tag darauf war die Rose verwelkt und ihre Blätter lagen auf der Erde. Da wurde der kleine grüne Fuchs böse, nahm die Blume und warf sie in einen Abgrund. Aber als er in die Höhle zurückkam, da war die Rose noch immer da. Der köstliche Duft, den sie ihm geschenkt hatte, war bei ihm geblieben.

Der kleine grüne Fuchs staunte. Er setzte sich vor seine Höhle. Er sah in der Nähe einen Bauernhof und in der Ferne die Türme der Stadt. Er hörte die Vögel singen, die Kühe muhen, die Mähmaschine knattern und das Läuten der Kirchenglocken. Er war nicht mehr so einsam wie früher. In seiner Erinnerung lebte die Rose, er kannte ihr Geheimnis und er wußte, eines Tages würde ein kleiner grüner Fuchs des Wegs kommen, die Höhle mit ihm teilen, den Tag und die Nacht, den Frühling, den Sommer, den Herbst und den Winter. Wenn er nur Geduld hatte zu warten.

# Kluge Else, Katherlieschen und Gänsemagd als Bremer Stadtmusikanten

Christa Reinig

An dem Tag, als der Bräutigam kam, saß die kluge Else im Keller und weinte. Nach dem Essen schenkten sich die Männer Schnaps ein. Elses Vater prostete seinem Schwiegersohn zu. Er erzählte: »Stell dir vor, lieber Schwiegersohn, ich schick die Else in den Keller zum Bierholen. Sie kommt und kommt nicht. Ich geh sie suchen. Da sitzt sie und heult. Sie zeigt über sich, da ist eine Axt in den Balken geschlagen. Sie sagt: Stell dir vor, lieber Vater, ich heirate und krieg ein Kind. Das wächst heran. Ich schick's in den Keller zum Bierholen. Es kommt und kommt nicht. Ich geh es suchen. Da liegt's blutüberströmt. Die Axt ist ihm auf den Kopf gefallen und hat es erschlagen. Hat man so was schon gehört! – »Nein«, sagte die kluge Else, »es war ganz anders.« Alle schwiegen und staunten darüber, daß die kluge Else den Mund aufgetan und was gesagt hatte. »Wie war es denn?« fragte der Bräutigam freundlich. »Es war irgendwie anders«, sagte die kluge Else. Die Männer lachten. Die Mutter schüttelte den Kopf und machte: »t, t, t.« Else mußte wieder losheulen und lief auf die Straße hinaus. »Sie kommt schon wieder«, tröstete der Vater den Bräutigam. Else aber lief geradeaus weiter und beschloß, nie wieder umzukehren.

Da sah sie ein Mädchen an der Straße sitzen, das weinte. Das Mädchen sah häßlich aus und gefiel ihr von Anfang an nicht. Sie ging hin und fragte, warum es weinte. Das Mädchen erzählte: »Ich bin das Katherlieschen. Mein Mann hat mich aufs Feld geschickt. Ich denk bei mir: Eß ich erst oder schlaf ich erst oder schneide ich erst das Korn? Erst hab ich natürlich gegessen, dann bin ich eingeschlafen, und, als ich aufwachte, da war das Korn schon geschnitten. Hab ich das gemacht, dachte ich bei mir, dann bin ich nicht das Katherlieschen. Ich hab nämlich die Arbeit nicht erfunden, mußt du wissen. Ich ging nach Haus und klopfte an: Ist das Katherlieschen da? Mein Mann antwortete durch die Tür: Das Katherlieschen ist schon längst zu Haus. Es hat das Korn geschnitten, dann hat es gegessen und nun schläft es. Irgendwie hatte ich das Gefühl, daß mein Mann mich belog und daß ich doch das Katherlieschen bin. Wer kennt sich mit den Männern aus? Jedenfalls hat er die Tür nicht aufgemacht.« – »Er wird sich von dir scheiden lassen«, sagte die kluge Else schadenfroh. »Dann nehme ich mir das Leben«, heulte das Katherlieschen. Die kluge Else sagte: »Komm mit mir. Etwas Besseres als diesen Mann findest du überall. Wir gehn nach Bremen und gründen eine Beatband. Ich spiele abwechselnd die erste und die zweite Gitarre. Du schlägst die Pauke und singst dazu.« Das Katherlieschen heulte: »Das kann ich nicht. Ich bin einfach zu dämlich, mußt du wissen.« Dann ging sie doch mit.

Nachdem sie eine Weile gegangen waren und geschworen hatten, nie wieder umzukehren, begegneten sie der Gänsemagd. Der waren alle Gänse davongelaufen. Sie trug ein zerfetztes weißes Kleid und – dreimal dürft ihr raten! – sie heulte. Die beiden Mädchen ergötzten sich an ihrem Anblick und mutmaßten: »Ihr Bräutigam ist ihr durchgebrannt. Daß sie überhaupt einen abgekriegt hat. Auf so was fliegen ja die Männer. Und was Kleines ist sichtbar unterwegs.« Sie konnten ihre Neugier nicht mehr zügeln und sprachen die Gänsemagd an. Die berichtete folgendes: »Ich habe mich in ein Pony verliebt. Es hatte ein silbergraues Fell und seelenvolle braune Augen, und Wimpern so lang und dicht wie Rasierpinsel. Fallada hieß es. Und es konnte sprechen. Wir haben miteinander geredet, als wären wir zwei Menschen. Aber dann bin ich eine Zeitlang mit einem Prinzen gegangen und wurde schwanger. Alle Leute sagten: Du mußt das Kind ehrlich machen. Du mußt den Prinzen heiraten. Ich sagte: Aber ich liebe den Prinzen nicht. Ich liebe auf der Welt allein Fallada. Da haben sie Fallada totgeschossen, ihm den Kopf abgeschnitten und ans Rathaustor genagelt. Auf dem Weg zum Standesamt mußte ich an dem Kopf vorüber. Da habe ich den Prinzen stehen lassen und bin weggerannt. Ich verlor einfach die Nerven. Jetzt habe ich keinen Fallada mehr, und mein Kind hat keinen Vater.« – »Ich weiß was«, sagte die kluge Else, »komm mit uns. Etwas Besseres als diesen

Prinzen findest du allemal. Wir gehn nach Bremen und gründen eine Beatband. Ich spiele abwechselnd die erste und die zweite Gitarre. Katherlieschen trommelt und singt dazu, und jetzt fehlt uns eine Baßgeige. Das könntest du sein.« Die Gänsemagd besann sich nicht lange und folgte den beiden. Auf dem Weg nach Bremen kamen sie durch einen finsteren Wald. Sie stolperten über Wurzeln; Dornen zerrissen ihnen das Gesicht und die Finger, und ab und an blieben sie im Morast stecken. Die Mädchen meinten, hier ginge es nicht weiter. »Es muß weitergehen«, beharrte die kluge Else, »wenn wir hier stecken bleiben, sind wir morgen früh tot.« – »Du bist immer so autoritär«, maulte Katherlieschen. Die kluge Else brach in Tränen aus. Da mußten die beiden anderen Mädchen mitweinen. Als sie keine Tränen mehr hatten, fühlten sie sich wunderbar erfrischt und marschierten weiter.

In dem finsteren Wald stand ein Haus. Darin lag eine Spezialeinheit der Streitkräfte. Die Soldaten schliefen. Der Offizier ließ sie wecken und sich ankleiden. Dann sagte er mit seiner lieben, leisen Stimme: »Ihr Herren, ich bitt euch, singt ein Lied.« Die Soldaten taten, was sie an dieser Stelle immer taten, sie versuchten mit Gewalt die Augen offen zu halten und brüllten so laut sie konnten:

»Jesus meine Zuversicht,
Erdbeertorte gibt es nicht.
Dieses war der erste Vers,
und nun kommt der zweite Vers.
Jesus meine Zuversicht,
Erdbeertorte gibt es nicht.

Dieses war der zweite Vers,
und nun kommt der dritte Vers.«

Beim hundertzweiten Vers fiel der erste um. Er knallte mit dem Gesicht auf die Erde. Es gelang ihm, sich aufzurappeln. Der Offizier erläuterte mit sanfter Stimme: »Bis ans Ende eurer Tage werdet ihr Jesus und Erdbeertorte hassen. Aber stets, wenn ihr im Drecke steckt, wird euch dieses Lied einfallen, und dann werdet ihr euch an alles erinnern, was ich euch gelehrt habe. Als erstes mache ich euch zur Sau und als zweites mache ich euch zu Männern.« Das Lied ging weiter. Bei hundertsechsundfünfzig fiel der zweite um. Er schaffte es nicht nach oben. Der Offizier sagte geduldig: »Bis er wieder im Lande ist, werden wir uns die Zeit vertreiben. Und jedesmal werdet ihr euch dafür bedanken, daß ich richtige Männer aus euch mache.« Die Soldaten taten, was sie an dieser Stelle immer taten. Sie machten Liegestütz und zählten laut: »Eins, danke! Zwei, danke! Drei, danke!...« und so weiter. Der Offizier beugte sich über das Ohr des Gefallenen und brüllte plötzlich laut: »Mann, du bist ein Mann! Steh auf! Ein Mann ist ein Kamerad. Er läßt seine Kameraden nicht im Stich. Für jeden Liegestütz, den sie machen müssen, werden sie dich hassen bis ans Ende ihrer Tage.« Aber der Soldat schaffte es nicht. Der Offizier griff ihm unter die Achseln und hob ihn auf. Er stellte ihn sorgfältig ins Glied zurück und zupfte ihm eigenhändig die Uniform zurecht. Er rückte ihm den Helm gerade. Er war wieder ganz lieb und leise und erläuterte: »So schmiede ich euch zu einer unverbrüchlichen Kampfgemeinschaft zusammen.« Aber bereits bei zweihundertzwei fiel der dritte. Er brach ins Knie, gelangte aber aus eigener Kraft wieder hinauf. Der Offizier öffnete ein Fenster und schwärmte: »Diese herrliche Mondnacht. Und eine Luft wie Seide. In solcher Nacht darf der Mensch nicht zu Hause hocken. Im Walde spazierengehen, wo die Käuzchen schreien. Und die gesunde, reine Luft tief in die Lungen einatmen.« Die Soldaten rannten hinaus und umkreisten mehrmals das Haus. Es war so kalt, daß sie rannten, was sie nur konnten, und kamen ins Haus zurück. Sie bauten sich wieder auf. Ihr Lied hatten sie nicht vergessen. Der zweite Soldat fiel zum zweitenmal um. Endgültig. Sie ließen ihn liegen. Ab Vers fünfhundertfünf graute der Morgen.

Die drei Mädchen hatten sich dem Haus genähert. Sie hörten das Gebrüll und ängstigten sich: »Das sind Soldaten. Sie werden uns was antun.« Aber die Neugier war größer als die Furcht. Sie linsten durchs Fenster. Ein Soldat sah ihre schmutzigen Visagen und kreischte: »Die Russen kommen!« Die Spezialeinheit der Streitkräfte verließ ihren Standort und stürmte gegen die verschlossene Tür. Die Tür krachte aus den Angeln, und die Soldaten gewannen das Freie. Da sie zu einer unverbrüchlichen Kampfgemeinschaft zusammengeschmiedet waren, hatten sie den halbtoten Kameraden ergriffen und schleiften ihn hinter sich her. Der Offizier war der tapferste. Er floh als letzter. Nach einer Weile legten die Soldaten eine Kampfpause ein. Sie ließen sich auf den Rücken fallen und spreizten die Beine. Einer keuchte: »Warum sind wir eigentlich geflohen? Die Russen sind doch seit vierzehn Tagen wieder einmal unsere Verbündeten.« Ein anderer keuchte: »Das waren keine Russen. Das waren Chinesen.« Als sie genug Luft geschöpft hatten, flohen sie weiter.

Die drei Mädchen hatten alles mitangesehen und betraten das leere Haus. Sie erschraken. Die kluge Else sagte: »Als erstes werden wir das Gerümpel hinauswerfen und den Dreck zusammenkehren.« Katherlieschen sagte: »Als erstes werden wir Holz spalten, ein Feuer anzünden und sehn, was es hier Eßbares gibt.« Die Gänsemagd sagte: »Als erstes werden wir die Wände lindgrün anstreichen und Gardinen an die Fenster hängen.« Und so geschah es. Aber wir wissen nicht, in welcher Reihenfolge.

# Das Fest der Nordmaus

## Friedl Hofbauer

Der Ostvogel und der Westvogel, die Nordmaus und der Südkönig wollten ein Fest feiern. Der Ostvogel brachte die Sonne mit, der Westvogel ein Schiff, die Nordmaus brachte Herzklopfen und der Südkönig Orangen. Das ist alles ein bißchen wenig, sagten sie, das gibt noch kein Fest.

Laden wir den Himmelskrug ein, sagte die Nordmaus.

Den Himmelskrug? Wer ist denn das?

Ich kenne ihn nicht, sagte die Nordmaus. Man sagt, er geht immer zum Brunnen. Brunnen sind sehr wichtig. Vielleicht bringt er einen Brunnen mit. Das wäre fein, sagten der Ostvogel, der Westvogel und der Südkönig.

Sie schrieben dem Himmelskrug einen Brief, er möge doch kommen, zu dem Fest, und einen Brunnen mitbringen.

Als der Himmelskrug den Brief las, sagte er: Das ist nicht einfach. Soll ich einen Ziehbrunnen mitbringen oder einen Schöpfbrunnen? Einen Tagbrunnen oder einen Nachtbrunnen? Einen griesgrämigen oder einen mißmutigen? Oder soll ich am Ende einen Brunnen mitbringen, der klüger ist als alle zusammen? Lieber nicht. Ich werde einen ganz winzigen Brunnen mitnehmen, am besten einen Brunnensamen. Dann wird man ja sehen, was daraus werden wird.

Er setzte sich also in die Eisenbahn und kam vergnügt bei dem Feste an, zu dem er eingeladen war. Der Ostvogel und der Westvogel und die Nordmaus holten den Himmelskrug von der Bahn ab.

Der Südkönig war zu Hause geblieben. Er mußte immer niesen, wenn er eine Eisenbahn sah, und niesen wollte er an diesem Tage nicht. So blieb er zu Hause und aß derweil alle Orangen auf.

Als sie alle zusammen das Fest feiern wollten, ergab es sich, daß der Brunnensamen, den der Himmelskrug in der Tasche trug und der dort friedlich schlummerte, laut zu schnarchen begann.

Da schnarcht jemand! sagte die Nordmaus.

Ich bin es bestimmt nicht! sagte der Ostvogel. Und

auch der Westvogel sagte, daß nicht er es wäre, der schnarche, und der Südkönig beteuerte, daß er ganz wach sei und gewiß noch nie in seinem Leben geschnarcht habe.

Du bist es, der schnarcht! sagten sie alle vier zu dem Himmelskrug. Wir sind es nicht. Also kannst nur du es sein. Wir hätten dich nicht einladen sollen! Du störst nur unser Fest!

Und sie warfen den Himmelskrug, der ein wenig taub war und nichts von dem Schnarchen des Brunnensamens in seiner Tasche bemerkt hatte, – den armen Himmelskrug also schickten sie fort und verboten ihm, jemals wiederzukommen. Denn, so meinten sie, ein Himmelskrug, der schnarcht, gehöre nicht auf ihr Fest.

Als der Himmelskrug fort war, feierten der Ostvogel und der Westvogel, die Nordmaus und der Südkönig ihr Fest allein. Sie wußten nicht, daß der Brunnensamen dagewesen war, und sie hatten längst vergessen, daß es so etwas überhaupt gab.

Als sie müde waren und ein wenig still beieinandersaßen, sagte die Nordmaus: Mein Herzklopfen ist nicht mehr da! Ich habe gar nicht bemerkt, daß es fortgelaufen ist! Was machen wir da?

Wo ist mein Schiff? fragte der Westvogel. Alle suchten das Schiff, aber es war gleichfalls fort.

Der Ostvogel sah sich nach der Sonne um, aber die stand hoch am Himmel, so hoch, daß der Ostvogel sie nicht bemerkte, denn er dachte, sie wäre zur Erde gefallen und in einen Winkel gerollt. So konnte er sie natürlich nicht finden.

Und wo sind die Orangen? fragte der Südkönig.

Richtig, die habe ich alle aufgegessen, eine nach der anderen.

Und ich esse so gern Orangen, sagte der Westvogel.

Und ich habe so gern Herzklopfen, sagte der Ostvogel.

Und ich sitze so gern in der Sonne, sagte die Nordmaus.

Da ist nichts zu machen, sagte der Südkönig. Fort ist fort. Ein merkwürdiges Fest! Findet ihr nicht?

Ja, sagte die Nordmaus.

Ja, sagte der Ostvogel.

Ja, sagte auch der Westvogel.

Der Südkönig aber schloß die Augen und sagte: Einmal wird ein großes Schiff kommen, mit lauter Sonnen beladen, die nach Orangen duften. Und auf dem Himmel, auf den zartesten rosa und hellgrünen Wolkenrändern wird das Herzklopfen spazierengehen. Aber bis dahin dauert es noch lange, lange Zeit.

Schade, sagte die Nordmaus.

Schade, sagten auch der Ostvogel und der Westvogel.

Ja, sehr schade, sagte der Südkönig.

Mir ist kalt, sagte die Nordmaus.

Mir ist heiß, sagte der Südkönig.

Mir ist ostwindig, sagte der Ostvogel.

Mir ist westwindig, sagte der Westvogel.

Nun sitzen sie beisammen und erzählen, wie kalt und wie heiß, wie ostwindig und wie westwindig ihnen ist. Und sie werden so lange sitzen, bis das Schiff mit den Orangen kommt und all das eintrifft, was das Herzklopfen, als es davonlief, zur Sonne gesagt hat: Eines Tages … Aber das ist schon wieder eine andere Geschichte.

# Der alte Wolf

## Rudolf Otto Wiemer

*Der Wolf, jetzt altersfromm und brav,*
*als er Rotkäppchen nochmals traf,*
*sprach: »Unerhört, mein liebes Kind,*
*was Fabeln da im Umlauf sind!*

*Als gäbe es, so geht die Märe,*
*gar eine dunkle Mordaffäre!*
*Schuld sind allein die Brüder Grimm.*
*Gesteh! War es nicht halb so schlimm?«*

*Rotkäppchen sah des Wolfs Gebiß*
*und stammelte: »Gewiß, gewiß.«*
*Worauf der Wolf, vieltausendmal*
*die Oma grüßend, sich empfahl.*

Abraham Lincoln

HERBERT
ist lieb
sehr

# Der Däumling

## Janosch

Ein Bauersmann hatte einen Sohn, der war so klein wie ein Finger, ja, eher noch kleiner, so daß die Nachbarn schon mit bösen Zungen darüber schwätzten; denn wie konnte das denn sein? Der Vater selbst war doch im ganzen groß genug (einsdreiundsechzig). Und weil der Sohn nicht wuchs, so viele Jahre auch vergingen, und er kaum größer war als ein kleiner Daumen, nannten sie ihn »Däumling«. Der Sohn war aber der einzige Sohn des Bauern und sein Erbe. Ab seinem zehnten Jahr hätte er den Traktor fahren, ab seinem vierzehnten den Wagen lenken sollen, ab seinem sechzehnten die Dreschmaschine und den Heustapler. Aber er war – selbst wenn er sich auf eine Zigarettenschachtel stellte – kaum so groß wie der Mercedes-Zündschlüssel. Dabei ging der Junge nicht nutzlos einher, sondern er sammelte Krümel vom Tisch, stapelte sie auf einen Haufen. Er trug abgebrannte Streichhölzer und Kippen zusammen, die sein Vater achtlos auf den Teppich geworfen hatte, und schleppte alles hinaus auf den Mist. Er verfolgte auf der Erde Beißinsekten und erschlug sie mit einer Baumeichel, damit sie seinen Vater nicht beißen sollten. Mit geschickten Händen hatte er sich auch einen Bogen gefertigt. Angespitzte Schweinsborsten dienten ihm als Pfeile, und er konnte bald fliegende Mücken mit einem

Schuß aus der Luft holen und auf den Dung tun. Kurzum, er war nützlich und auch guter Dinge. Doch der Vater war des nicht zufrieden.

Als die Zeit kam, da ihm schon der erste Flaum unter der Nase wuchs und der Mensch sich einen passenden Beruf suchen muß, bat er seinen Vater, ein Kammerjäger werden zu dürfen. Aber der Vater war des nicht zufrieden.

Nun hatte der Däumling aber auch eine geschickte Hand im Basteln an Kofferradiogeräten und hatte sie sogar schon auf den Empfang von russischen Geheimsendern getrimmt. Er hatte auch beispielsweise das Zündschloß vom Mercedes, das bekanntlich sehr solide und stabil ist, sauber geölt und den Dreck, der immer wieder vom Finger auf den Schlüssel und von dort ins Zündschloß kommt, aus den feinen Federchen gepult, träumte auch davon, Werkmeister für automatisches Spielzeug zu werden, bat seinen Vater aber dann doch, bei einem Damenarmbanduhren-Uhrenmeister in die Lehre gehen zu dürfen. Aber der Vater war des nicht zufrieden. Da fing der Däumling an zu weinen, und um es dem Vater recht zu machen, ging er bei einem Riesen in die Lehre. Der gab ihm Riesenmilch bei der Riesin zu trinken, und der Däumling wuchs und wuchs, wurde ein Riese und ging zurück nach Hause. Aber was er dort auch in die Hand nahm, ging kaputt. Er zertrat den teuren Salat mit seinen großen Füßen, brach Obstbäume um, und der Vater war des wieder nicht zufrieden. »Dir kann man gar nichts recht machen«, sprach da der Däumling, verließ das Haus seines Vaters und kam nie wieder zurück.

# Jorinde und Joringel

## Jörg Steiner

In dieser Geschichte kommen siebentausend Vögel, eine Zauberin, ein Liebespaar und eine rote Wunderblume vor, und weil sie einen Anfang haben muß, fängt sie an wie viele Märchen – mit einem Schloß und mit einem Wald und mit dem Satz: Es war einmal...

Es war einmal ein Schloß mitten in einem großen Wald. In dem Schloß wohnte eine Frau ganz allein, und das war eine Zauberin. Wenn jemand zu nahe an ihr Schloß herankam, so mußte er stillestehen und konnte sich nicht von der Stelle bewegen, bis sie ihn wieder erlöste. Wenn sich ein Mädchen im Walde verirrt hatte, verzauberte die Zauberin es in einen Vogel, und den Vogel sperrte sie in einen Korb, und den Korb trug sie in ihr Schloß. So eine Zauberin war das. Sie verzauberte sogar sich selbst. Am Tag machte sie sich zur Katze oder zur Eule, aber wenn die Sonne unterging, verwandelte sie sich wieder in einen Menschen.

Jorinde und Joringel waren schon oft in dem dunklen Wald spazierengegangen. Einmal aber, als es schon gegen Abend ging, merkten die beiden, daß sie den Weg verloren hatten. Jorinde fing an zu klagen, und Joringel klagte mit ihr. Joringel weinte, und Jorinde fing auch an zu weinen. Sie wußten beide nicht mehr, wohin sie nach Hause gehen sollten.

Joringel schaute durchs Gebüsch und sah die alte

Mauer des Schlosses nah vor sich. Er konnte sich auf einmal nicht mehr bewegen, er konnte nichts mehr sagen, und neben ihm sang Jorinde leise: Ziküth, Ziküth, Ziküth. Die Zauberin hatte sie in eine Nachtigall verwandelt.

Joringel: Bitte, o bitte, gebt mir meine Jorinde wieder.

Zauberin: Nein, sie soll nie wieder zu dir zurückkehren.

Die Zauberin berührte Joringel mit ihrem Zauberstab, und nun konnte er sich wieder bewegen.

Mach, daß du mir aus den Augen kommst, sagte die Zauberin.

Da ging Joringel weit fort in ein fremdes Dorf.

Einmal hatte Joringel einen seltsamen Traum. Er träumte von einer roten Blume. Alles, was er mit der roten Blume berührte, war von der Zauberei frei und erlöst. Er hatte die Blume im Traum so deutlich gesehen, daß er beschloß, sie suchen zu gehen. Und wirklich, am neunten Tage fand er sie.

Nun endlich konnte Joringel in den verwunschenen Wald mit den hohen Maibuchen zurückkehren, und weil er von weitem die vielen gefangenen Vögel singen hörte, fand er das Schloß ohne Mühe.

Als aber die Zauberin Joringel sah, wurde sie sehr böse. Sie spie Gift und Galle gegen ihn, denn das können Zauberinnen, und daran erkennt man sie.

Aber Joringel hatte seine Wunderblume, und gegen die Blume konnte die Zauberin nichts machen. Joringel merkte nur, daß sie heimlich ein Körbchen wegnahm. Er stürzte auf sie zu und berührte das Körbchen mit seiner Blume – und auf einmal stand Jorinde da und war so schön wie nie zuvor.

Joringel erlöste auch die andern Mädchen: Nachtigallen, Spatzen, Amseln, Tauben, Krähen, Kirschkernbeißer, Bachstelzen, Meisen und Möwen. Zuletzt erlöste er auch die Zauberin: Nun wollte sie nichts mehr zaubern. Als alle frei waren, ging Joringel mit seiner Jorinde nach Hause, und sie lebten lange vergnügt zusammen. Und seit dieser Zeit kann man wieder fast sicher sein, daß eine Katze eine Katze ist und eine Eule eine Eule und ein Spatz ein Spatz.

# Märchen im Kreis

## Kurt Kusenberg

Über die Ebene kam ein leichtfüßiger Geselle gewandert; frech stach die rote Feder an seinem Hut in die blaue Luft. Ein überaus seltsamer Anblick hemmte jäh seinen Schritt. Zwölf weißbärtige Greise saßen im Kreise auf kleinen Erdhügeln und starrten stumm auf einen faustgroßen Stein in ihrer Mitte. Auf die Frage, warum sie so säßen und starrten, gaben die Greise keine Antwort. Neugierig geworden, trat der Jüngling herzu und hob den Stein auf, um ihn zu betrachten. Da kippten die Greise allesamt nach rückwärts und gaben, die Beine kerzengerade emporgerichtet, ihre Seelen auf.

Der fahrende Geselle wußte sich darauf keinen Vers zu machen, er steckte den Stein in die Tasche und wanderte weiter. Kurz darauf kreuzte ein buntgescheckter Hase seinen Weg. Der Jüngling entsann sich des Steins, warf ihn nach dem Hasen und traf das Tier so heftig am Kopfe, daß es betäubt liegen blieb. Als sich der Bursche über den Hasen bückte, erschien in eiligem Lauf ein beleibter Mann, der wie ein Koch aussah, auch einer war und fürchterlich schwitzte. »Gott sei Dank«, rief er aus, »daß du den Hasen erlegt hast! Es wäre mir schlimm ergangen, wenn ich ihn zum Festmahl nicht hätte auftragen können. Gib ihn mir, so gebe ich dir ein Häuschen, winzig klein, durch bloßen Wunsch aber beliebig zu vergrößern.«

Der Geselle war es zufrieden, nahm Stein und Häuschen und wandte sich zum Gehen, derweil der Koch mit dem Hasen abzog. Der Wald, den der Jüngling nun durchquerte, hatte hohe Bäume, die in den Wipfeln rauschten. Aus ihnen drang unversehens eine zarte Frauenstimme, die also sprach: »Höre mich an, Geselle. Ich bin die Prinzessin von Samarkand und wurde vom Vogel Roch aus meines Vaters Palast entführt. Ich sitze hier oben im Nest, zwischen den Jungen, und weiß nicht aus noch ein. Rette mich – meines Vaters Dank ist dir gewiß!« Der Jüngling ließ sich das nicht zweimal sagen. Er erkletterte den Baum, hob die Prinzessin aus dem Nest und brachte sie behutsam zur Erde.

Indem sich die beiden jungen Leute besahen, fanden sie einander anziehend. Liebe senkte sich in ihr Herz, sie küßten sich und beschlossen, komme, was da wolle,

Mann und Frau zu werden. An Samarkand dachte keiner mehr; sie wollten ein eigenes Heim gründen. Darum wandten sie den Schritt und gingen Hand in Hand den Weg, den der Jüngling gekommen war. Es dauerte nicht lange, so gelangten sie an die dahingeschiedenen Greise, die indes verdorrt waren und ihre langen Knochenbeine wie Zaunpfäle in die Luft streckten. Die Umfriedung kam dem Paar zupaß. Der Jüngling stellte das Haus in die Mitte des Kreises, wünschte es leidlich groß und bezog es sofort samt seiner jungen Frau.

Die Ehe war glücklich, jedoch recht kurz, denn schon nahte das Verhängnis. Der Vogel Roch erfuhr bei seiner Heimkehr von den wehklagenden Jungen, was sich begeben habe. Er flog aus, die Entflohene zu suchen, und sichtete sie, als sie eben aus ihrem Häuschen trat. Er stieß nieder, packte das erschrockene Mädchen und trug es wieder in sein Nest, wo es von der Brut mit bösem Frohlocken empfangen ward. Der Jüngling hatte durchs Fenster alles mit angesehen. Maßloses Leid zerriß sein Herz, er wünschte das Häuschen wieder winzig und klein, steckte es in die Tasche und zog fort. Den Stein ließ er liegen.

Unterwegs traf er den dicken Koch. Dem war der buntgescheckte Hase abermals entlaufen. Der Jüngling gab dem traurigen Manne das Häuschen wieder und schritt weiter. Als eben die rote Feder auf seinem Hut am Horizont entschwand, begannen sich die umgekippten Greise ruckweise aufzurichten und fuhren fort, stumm auf den Stein in ihrer Mitte zu starren.

# Fundevogel

## Peter Härtling

Es war einmal ein Krieg, einer von den Kriegen, die lange dauern und rasch vergessen werden, einer von den Kriegen, an denen niemand Schuld zu sein begehrt, und es war einmal ein Land, das seinen Namen an den Krieg und an die Sieger abgegeben hatte, ein Land, das so arm geworden war, daß es sich schämte, ein Land zu sein, und es war einmal ein Kind in diesem Krieg, in diesem Land, das hatte niemanden mehr als eine Astgabel inmitten der Wüstenei: dort hatte es das Märchen hinterlassen, damit es Fundevogel sei. Das Kind war winzig, hatte Hunger, schrie, besaß keinen Namen, denn so weit sind wir im Märchen noch nicht, besaß keine Eltern und kein Haus. Da viele im Krieg schreien und das Geschrei groß ist, das der Schuldigen wie der Unschuldigen, wurde das Kind lange nicht gehört. Aus ihm schrien der Hunger und das Alleinsein, es merkte gar nicht, daß es schrie; es schrie, um nicht mehr hungrig und nicht mehr allein zu sein. Ein alter Mann, den der Krieg übriggelassen hatte, und der auch da war, damit wir im Märchen bleiben können, denn alte Männer werden im allgemeinen vom Krieg gefressen, der alte Mann – ob rot, ob gelb, ob weiß, ob schwarz – hörte das Kind, stieg mühsam auf den Baum und nahm es mit in sein kleines, vom Winde ausgepustetes Zimmer. Das bewohnte er mit seiner noch älteren Schwester und einem dürren, winzigen Mädchen, das er gefunden hatte wie den Buben, den er von nun an, damit wir im Märchen bleiben, Fundevogel rief. Der Bub bekam Brei, bekam Wasser, verlor den Hunger und die Angst und mochte das Mädchen, das, wie er, nicht nur Hunger und Angst verloren hatte. Die Frau aber, verdrossen über die unnützen Mitesser, die spielenden, lustigen Fundevögel, hatte vor, sobald sich der Alte von der Wohnung entfernen würde, den Buben fortzujagen. Das sagte sie dem Mädchen. Da beide mit der Angst vertraut waren, fürchteten sie sich nicht, sondern nahmen sich vor, in der Nacht miteinander wegzugehen. Damit wir im Märchen bleiben, sagte sie den schönen Satz: »Verläßt du mich nicht, so verlasse ich dich auch nicht«, worauf der Fundevogel erwidern mußte: »Nun und nimmermehr.« Sie kannten das Land, das kein Land mehr war, das brachlag und auf Menschen wartete, gingen weg und ließen die alte Frau allein. Die entdeckte bald die Flucht und fragte sich, was sie dem Alten sagen sollte, würde er zurückkehren. Sie eilte aus dem Haus, hielt drei Soldaten an, denn immer sind Soldaten auf der Straße, in diesem Krieg, in diesem Land, und bat sie, nach den Kindern zu suchen, sie zurückzubringen. Von weitem sahen Fundevogel und Fundevögelchen die Soldaten, sie sprangen über Stacheldraht und Gräben, riefen, fuchtelten mit Gewehren. Da sagte Fundevogel: »Wir werden wie der Baum.« Und sie wurden Bäume, wie sie es bei den Soldaten gesehen hatten, sie steckten Äste und Zweige in Kleider und Haar und sagten sich von neuem die schönen Sätze: »Verläßt du mich nicht, so verlasse ich dich auch nicht.« – »Nun und nimmermehr.«

Die Soldaten irrten umher, stocherten mit den Gewehrläufen im Gebüsch und stellten fest, daß keine Kinder zu finden seien. Als sie dies der alten Frau sagten, zürnte sie ihnen sehr: Sie hätten die kleinen Bäumchen am Wegrand beachten, sie ausreißen und ihr für den Garten mitbringen sollen. Ein zweites Mal zogen die Soldaten los. Die Kinder sahen sie wieder kommen und der Fundevogel sagte zum Fundevögelchen: »So werde ich ein Grab und du der Hügel darauf.« Sie legten sich in ein flaches Erdloch, buddelten Erde über sich und waren in diesem Märchen, in dem es Tausende von Erdlöchern gibt und Tausende von flachen Erdhügeln, nicht mehr zu sehen. Die Soldaten fanden niemanden und kehrten murrend, auch weil sie keinen Schnaps hatten, zur Alten zurück. Sie hätten nichts gesehen als einen frischen flachen Erdhügel und deren gäbe es viele. Die alte Frau geriet in große Wut, schalt sie Dummköpfe und sagte, sie hätten den Hügel aufgraben und den Inhalt mitbringen sollen, und schickte sie abermals aus. Die Soldaten flehten um Schnaps, um ein Stück Brot dazu, doch die alte Frau war hart und trieb sie vor sich her, sie werde mitkommen und ebenfalls Ausschau halten.

Es war einmal ein Krieg, es war einmal ein Land, das seinen Namen vergessen hatte. In dem namenlosen Land gibt es, weil es das Märchen so will, Fundevogel und Fundevögelchen. Sie sehen die Soldaten und die alte Frau kommen, sie sehen, wie der Himmel hell wird von Feuer, sie hören, was sie immer gehört haben,

Granaten krachen und Raketen heulen, und sie werfen sich, weil sie es gelernt haben, auf die Erde, Fundevogel und Fundevögelchen, in einem Krieg, der einmal war. Die alte Frau wurde von einer Kugel getroffen, kam um, die Soldaten liefen davon, und Fundevogel und Fundevögelchen sagten sich die schönen Sätze, die nur im Märchen am Ende wiederholt werden. Sie nahmen sich an der Hand, versprachen, beieinander zu bleiben und den alten Mann zu suchen, ihn zu pflegen und zu nähren, und beschlossen, um dem Märchen zu entrinnen, Menschen zu werden.

# Märchen

## Josef Guggenmos

Da war einmal ein Mann, der sein letztes Pulver verschossen hatte. Manch einer kommt einmal dorthin.

Der Mann war fast ein Junge noch. Er lag in Sand und Thymian; auf einem Hügel in einer Mulde.

Die letzte Kugel war durch den Lauf. So schnell war alles aus.

Es war ohnedies verspielt. Der junge Soldat – der Jüngste im Fähnlein – hatte als einziger die Höhe erreicht. Alle anderen lagen hingestreckt unten in der Ebene und den Hang herauf. Der kleine Haufen hatte sich allzu keck vorgewagt und war an eine vielfache feindliche Übermacht geraten.

Aber ja. Plötzlich wußte er es wieder. Da war eine Patrone noch. Die in der Brusttasche, die er eigens dorthin getan hatte, vor Wochen schon, weil sein Freund es ihm riet. Nun war unversehens ihre Zeit gekommen. Es war in diesem grausamen Krieg nicht gut, lebend in die Hände des Feindes zu fallen.

Der Freund war nur drei Jahre älter als er gewesen, aber schon erfahren im Kriegshandwerk und hatte ihn vieles gelehrt. Jetzt lag er nicht weit den Hügel hinab, der nächste Tote. Er lag seltsam verdreht, das Gesicht den Wolken zugekehrt, die Hand wie nach etwas langend erhoben. Nur fünf, sechs Sprünge noch, und auch er hätte die Mulde erreicht.

Der Soldat holte die Patrone hervor und schob sie in den Lauf. Er tat es ohne Hast. Die vielen dort unten, die eine ungeschützte Strecke zu überqueren hatten, würden alle zugleich losbrechen; das konnte ihm nicht entgehen, und dann blieb ihm immer noch eine Minute. – Graszeug und Ginster, die um die Mulde wuchsen, boten ihm selbst eine gewisse Deckung; noch jedenfalls hatten die andern seinen genauen Standort nicht ausgemacht.

Unwillkürlich schob er das Gewehr vor. Unten, keine vierzig Schritt weit, stand einer hinter einem Baum. Der Mann, ein Korporal, gab eine ganze Körperhälfte frei; der Kerl stand zu schön. Der sollte noch mit auf die Reise; man konnte versuchen, einen bestimmten Knopf zu treffen.

Aber hier lag der Freund. Die allerletzte Kugel, die kostbare, schenkt man nicht her.

Der Junge knöpfte die Jacke auf. Er drückte die

Mündung des Gewehrs ans klatschnasse Hemd. Der Lauf drückte gegen das Herz, nicht anders als ein fester Stock.

Ein Käfer mit Flügeln, von denen man nicht sagen konnte, ob sie grün, blau oder purpurn schillerten, kroch im Sand. Er wird leben, wenn ich nicht mehr bin.

Unten bereitete sich etwas vor. Rasche Veränderungen waren zu bemerken, man hörte Zurufe.

Der Augenblick war da. Was denkt man, wenn man nur noch einen Gedanken übrig hat? Der junge Mann dachte: Schade. Schade.

Seine Augen hatten sich auf seine Hand geheftet, auf den Daumen, der in dieser Lage am besten verrichten konnte, was zu verrichten war. Dieser eigene Daumen.

In diesem Moment wurde er fast ärgerlich auf etwas aufmerksam, was sich dicht bei seinem Körper bewegte. Eine Maus. Eine Maus, die zu einem Mausloch rannte, vor dem sie ihm durch heftiges, fast wildes Winken zu folgen befahl.

Der Junge stieß das Gewehr beiseite, kroch, ohne zu begreifen, zum Loch, und war drinnen.

Im Gang war es hell, oder doch nicht dunkler als draußen an einem Novembertag. Wie ging das zu? Aber alles ist Traum.

Sie hasteten um drei, vier Biegungen. Dann hielt die Maus an und jubelte: »Geschafft! Hier findet uns keiner mehr!«

»Wer bist du?« fragte der junge Soldat. »Was ist an mir? Warum hast du mich zu dir geholt?«

»Ich bin Ka«, sagte die Maus. »Sag Ka zu mir.«

»Ka«, sagte der junge Soldat. »Ich danke dir.«

»Du«, sagte Ka. »Wir können Mühle spielen.«

Da war ein Tisch, da waren zwei Stühle. Diese Ka, dachte der Soldat, alles an ihr ist hell und richtig.

Beim ersten Spiel gewann die Maus. Beim zweiten gab sie ihm da und dort einen kleinen Rat, und da gewann er.

»Jetzt weißt du's«, sagte Ka.

»Was?« fragte der Soldat.

»Das«, sagte die Maus und tippte ihm lachend vor die Nase. »Aber jetzt kannst du gehen. Es ist alles vorüber.«

Draußen sah sich der Soldat nach seinem Gewehr um. Es war nicht mehr da. Doch ein Stecken lag da, nach dem er sich mühsam bückte und den er benützte, als er langsam den Hügel hinunter stieg. Als er beim Verschnaufen den Hut vom Kopf nahm und sich durchs Haar fuhr, blieb auf seiner Hand ein weißes Haar.

Unten fand er ein halb umgesunkenes, von Flechten bedecktes Steinkreuz. Hier lag ein Häuflein fremder Soldaten. Auch das Datum war noch zu entziffern. Es nannte den heutigen Tag. Den Tag, der heute gewesen war und zwischen dem das ganze Leben lag. Zweimal Mühle.

# Brief des Drachentöters

## Ota Filip

Ich grüße euch, Kinder, aus dem fernen schrecklichen Land Yypsaag Hrlmoooh, wo ich auf dem königlichen Schloß in Gefangenschaft schmachte. Mein halbes Königreich schenke ich her, wenn mir einer hilft und mich befreit aus der Kerkerpein. Ich bin schon so durcheinander, daß ich mit meiner Geschichte am anderen Ende anfange. Besser erzähle ich euch alles der Reihe nach.

Ich stamme aus dem Königreich Liberia an den Küsten des Schwarzen Meeres. Unser Königreich ist beileibe nicht groß. Dafür gibt es dort den in der ganzen Welt berühmten Lebkuchen, und auch unsere Marmelade ist sehr begehrt. Das ist für unseren Außenhandel sehr wichtig. Mein Vater ist König Lins III., und ich, Prinz Hugo, werde wohl als Lins IV. einmal Nachfolger meines Vaters sein. Wenn alles gut geht.

Für einen königlichen Prinzen bin ich nicht gerade gut geraten. Ich kann reiten und fechten, das ist aber auch alles. Vor allem mit dem Rechnen hapert's bei mir. Auch sonst halte ich nicht viel vom Lernen, leider. Mein Lehrer, der Hexenmeister Thymian, hat mich schon oft ermahnt und mir ein schlechtes Ende prophezeit. Aber ich habe nun mal keine Lust, fremde Sprachen zu erlernen, lieber lief ich draußen herum. Dort erwartete mich Vinzenz, der Sohn des Kriegsministers; er brachte mir immer schöne Waffen mit, Picken und Armbrüste. Ich hätte dem Hexenmeister gehorchen sollen; denn er hatte mir schon mit dem Hexenmeisterbannfluch gedroht. Falls ich nicht endlich die französischen Vokabeln und das Lehrbuch der Hofetikette studiere, drohte er mir, wolle er mich mit allerhand Widerwärtigkeiten bekannt machen und mich in der Welt herumirren lassen, bis er mir den Kopf zurechgesetzt habe. Aber was ist der Bannfluch eines ungeliebten Hexenmeisters gegen einen neuen Bogen, mit dem mich mein Freund Vinzenz lockte! Ich vergaß alle guten Vorsätze, schmiß das dumme Lehrbuch der Hofetikette in die Ecke, umgürtete mich mit meinem kurzen Schwert und rutschte das Geländer hinunter, bis vor den königlichen Palast.

Wir liefen hinter den königlichen Pulverturm. »Paß auf«, sagte Vinzenz, »hier können wir am besten dem großen Habicht auflauern, wenn er wieder geflogen kommt, um Hühner zu stehlen.«

Ich nahm den Bogen und versteckte mich hinter einen Baum. Ich spähte und spähte. Auf einmal schoß wahrhaftig ein Habicht vom Himmel zur Erde, und schon hielt er in den Krallen ein Huhn. Ich schoß ab und verletzte den Habicht am Flügel. In diesem Augenblick öffnete sich im Schloß ein Fenster, und der Oberhexenmeister Thymian rief: »Was sehe ich! Der Prinz spielt wieder, statt die Grundlagen der Hofetikette zu studieren. Ihr dunklen Kräfte, nehmt ihn, denn ich will ihn nicht mehr sehen, ehe er sich nicht gebessert hat!« und schloß das Fenster. Im selben Augenblick wurde es finster, ein Blitz schlug ein, und vom

Himmel her kam ein riesiger Adler auf mich zugeschossen. Er war so groß wie ein Jagdflugzeug der königlichen Marine. Er schlug mit riesigen Flügeln und schrie mich an: »Wer schießt hier auf meinen Vetter, den Habicht! Das sollst du büßen!«

«Laß mich los«, rief ich, »oder ich rufe unsere Soldaten. Sie werden dich mit dem Maschinengewehr erschießen!«

»Hahaha«, lachte der Riesenvogel, »das möchte ich mal sehen!« Er schnappte mit dem Schnabel nach mir, und schon zog er mich fort, flog mit mir über unsere Burg und über unser Schloß und lenkte seinen Flug nach Südwest. Ich schrie, man solle mir ein Jagdgeschwader nachsenden. Aber niemand hörte mich.

Wir flogen und flogen. Unter uns war lange das Meer, darauf sah ich Schiffe. Aus dieser Höhe sahen sie klein aus, wie Nußschalen. Ich versuchte mit dem Adler zu verhandeln, aber ihr kennt das ja! Er ließ und ließ mich nicht los.

Wir flogen an Meeren und Gebirgen vorbei, dann an einem großen Wald und dann an einer Wüste. Da erinnerte ich mich an mein kurzes Schwert, ich zog es und schlug auf den Adler ein. Aber das Schwert aus bestem gehärtetem Krupp-Stahl half mir nicht; ich hieb wie gegen eine Mauer – die Klinge wurde davon schartig und stumpf. Vielleicht ging es auch anders: Ich begann, den Adler mit dem Schwert unter den Flügeln zu kitzeln. Der Adler bekam keinen Atem, wurde rot und begann zu lachen. Und wie er so aus vollem Schnabel lachte, ließ er mich aus, und ich fiel.

Ich fiel fast dreihundert Meter tief, ein Flug, den ich

bis an mein Lebensende nicht vergessen werde. Ich fiel auf einen Heuschober, direkt neben einer Burg. Es war ein eigenartiger Heuschober, er war wie ein hoher Turm, fast neunzig Meter hoch und ohne Fenster und ganz aus Lehm erbaut! Aus der Burg kamen Diener gelaufen, direkt auf mich zu. – Ich sei auf Heu gefallen, das ausschließlich für die heiligen Ziegen bestimmt sei, und dafür müsse ich bestraft werden. Sie schleppten mich vor den König und meldeten ihm, was ich verbrochen habe.

Der König hieß Haschaschira I., und er sah mich finster an.

Es war furchtbar, ich hatte das schlimmste Verbrechen begangen, das es in diesem Land gibt, ich hatte das Heu der heiligen Ziegen entehrt. Darauf stand die Todesstrafe. Aber es kam anders; denn ich wußte dem König zu gefallen. Auch kannte er meinen Vater, König Lins III. Neulich habe er ihm zum neuen Jahr ein Glückwunschtelegramm geschickt. Und auch er habe eins gesandt. Kurz, König Haschaschira wollte mir das Leben schenken, wenn ich ihm gegen seinen Feind König Achich beistehe; denn dieser wolle ihn überfallen.

»Wie stark ist sein Heer?« fragte ich den König.

»Dreißigtausend Mann Fußvolk und zehntausend Ritter«, sagte der König. »Wenn du mir hilfst, dann lasse ich dich frei!«

König Haschaschira lieh mir ein Pferd, und wir ritten in die Gegend, um ein geeignetes Schlachtfeld zu suchen. Ich erinnerte mich an eine Erfindung unseres Kriegsministers und wußte gleich, was wir machen mußten. »Der Feind«, sagte ich, »besitzt mehr Soldaten als wir. Wir müssen ihn also durch eine List besiegen. Hoheit, laßt bis morgen fünftausend große Spiegel anfertigen, alles andere überlaßt mir!«

So geschah es. Ich ließ die Spiegel in der Gegend verteilt aufstellen und mit Vorhängen verdecken. Hinter den Spiegeln warteten die Soldaten des Königs. Kaum waren die Vorbereitungen beendet, brach aus dem Wald die Reiterei unseres Feindes hervor. Zehntausend Reiter auf schwarzen Rappen, zwanzig Reihen tief gestaffelt, und in ihrer Mitte König Achich selbst. Sie trugen alle dunkle Rüstungen und hielten die langen Lanzen zur Erde gesenkt.

Auf meinen Befehl nahmen die Soldaten die Vorhänge ab – alle Spiegel warfen mit einem Mal das Sonnenlicht mitten in die Augen der Reiter. Der Glanz war ungeheuer. Die Feinde warfen die Lanzen zur Erde, bedeckten mit den Händen ihre Augen, um von dem Glanz nicht völlig geblendet zu werden. Und König Haschaschiras Soldaten, jeder mit einem Stock bewaffnet, ritten mir nach zum Angriff. Die Ritter rafften sich zusammen, wollten sich uns entgegenstellen, als ihnen aber bewußt wurde, daß sie alle ihre Lanzen fortgeworfen hatten, schrien sie: »Verrat! Jemand hat uns verhext, wir haben keine Lanzen!« Und sie begannen zu fliehen. Wir jagten sie bis hinter die Grenzen ihres Landes und sammelten alle feindlichen Lanzen auf. Wir machten einen Zaun daraus, um geschützt zu sein.

König Haschaschira beschenkte mich reich mit Gold und Juwelen. Dann gab er mir einen Kompaß und schärfte mir ein, mich nur in Richtung Nordost zu halten, dann könne ich den Weg nach Liberia nicht verfehlen. Ich dankte und ritt los. Ja, und nun begannen die Schwierigkeiten. Ich hatte nie gelernt, wie man mit einem Kompaß umgeht. Wahrscheinlich war ich gerade, als ich das lernen sollte, mit Vinzenz im königlichen Wildpark auf Hasenjagd. Ich drehte den Kompaß in der Hand und wußte nicht, wozu er eigentlich dienen sollte. Da ritt ich einfach schnurrstracks der Nase nach. Ich ritt und ritt, bis ich in die Nähe einer Stadt kam. Ich gelangte auf den Marktplatz. Dort kaufte ich mir, durstig wie ich war, zwei Glas Limonade. Das erste leerte ich auf einen Zug, ehe ich dazu kam, auch das zweite auszutrinken, spazierten drei Ritter vorbei, die hatten ganz zerbeulte Rüstungen und sahen erschöpft aus, als hätten sie vor nicht allzu langer Zeit eine Schlacht verloren. Kaum hatten sie mich erblickt, schien ihre Lebensfreude wiedererweckt zu sein. »Haltet ihn!« riefen sie. »Das ist er, ihm verdanken wir unsere Niederlage!« – Ich Unglückrabe, ich war in die verkehrte Richtung geritten und befand mich mitten im Lande König Achichs. Die drei Ritter fielen über mich her, ich zog mein kurzes Schwert, und wir kämpften miteinander. Aber auf dem Marktplatz einer fremden Stadt trägt man besser keine Händel aus, das ist klar. Im Handumdrehen waren Polizisten da, sperrten mich in ein Automobil mit vergitterten Fenstern, und schon ging es los in das königliche Verlies.

Auch König Achich erkannte mich. »Also, du bist das«, sprach er, »der meine ganze Armee besiegt hat!

Und jetzt bist du gekommen, um mich zu verhöhnen? Ich werde dir den Kopf abschlagen lassen!«

»Tut das nicht, Hoheit!« sagte ich. »Vielleicht kann ich Euch noch auf andere Weise nützlich sein. Schließlich und endlich ist doch nicht viel passiert! Wir haben niemanden getötet in der Schlacht, haben Eure Ritter nur ein wenig mit unseren Stöcken verprügelt, damit ihnen die Lust vergeht, gegen meinen Freund, König Haschaschira, Krieg zu führen. Weiter ist nichts…«

König Achich ließ ein bißchen mit sich reden, nachdem sich sein erster Zorn gelegt hatte. Schließlich versprach er mir die Freiheit, wenn ich für ihn auch so eine kleine Arbeit wie für den König Haschaschira erledigte.

»Und was für eine Arbeit wäre das, Hoheit?«

»In der Gegend hier gibt es einen bösen Drachen, der ist hinter den Prinzessinnen her. Tötest du den, dann bist du frei!«

»Na gut«, sagte ich, »es ist wohl mein Job, Drachen zu töten, wo immer ich sie antreffe. Zeigt mir den Weg, und den Rest erledige ich.«

Den Weg könne ich nicht verfehlen. Den Weg bis zur Drachenhöhle im Schwarzen Wald zeigen verschiedene Wegweiser. Darauf steht: »Zum Drachen 4 km«, »Zum Drachen 3 km«, »Zum Drachen 2 km« und so weiter.

Ich ging den Wegweisern nach und kam zum Schwarzen Wald und auch zur Drachenhöhle. Ich rief: »Hallo, Drache, komm heraus! Ich will mich mit dir schlagen!«

»Fällt mir gar nicht ein«, ließ sich der Drache vernehmen, »es ist zu heiß! Komm gegen Abend!«

»Du willst also nicht kommen?«

»Nein, ich habe gerade zu Mittag gespeist, eine Prinzessin! Ihre Krone drückt mich im Magen. Ich muß erst schlafen. Komm gegen Abend, dann fresse ich dich.« Er begann zu schnarchen, daß das Laub von den Bäumen fiel.

Ich kehrte in das Schloß zurück und ersuchte den König, mir eine Säge und etwas feuerfesten Asbest zu leihen, dann eine Lupe und ein Seil; ich würde ihm den Drachen wohl bald bringen. Dann nahm ich in der Garage ein Faß Benzin, lud alles auf ein Wägelchen, holte einen der Diener, weil ich seine Hilfe brauchte, und wir fuhren zur Drachenhöhle. Dort sägte ich zunächst einen Baum ab, eine riesenhafte Eiche, bis sie nur noch an einem Stück hielt, gerade, um einmal die Säge durchzuziehen, so daß der Baum noch stehen blieb und noch nicht umfiel. Dann befahl ich meinem Helfer, sich mit der Säge unter die Eiche zu stellen und erst dann den letzten Sägeschnitt zu tun, wenn ich pfeife. Dann goß ich das Benzin auf die Erde vor der Höhle. Nun erst rief ich den Drachen.

Der Drache erwachte und begann zu brüllen, daß die Erde dröhnte: »Wer wagt es, mich zu wecken? Ich komme raus und verschlinge jeden. Das ist wahrhaftig nicht mehr zum Aushalten!«

»Du hast also Angst, was?« rief ich. »Angst hast du vor mir! Das werde ich der gesamten bekannten Welt verkünden, auch in Amerika, das wird eine schöne Schande für dich sein!«

»Jetzt reicht's mir aber«, brüllte der Drache und jagte aus der Höhle hervor.

»Na, so komm doch«, sagte ich. Aber das hätte ich nicht sagen sollen! Der Drache hatte die Größe von sechs Elefanten, hatte sieben Köpfe und daraus quoll wie toll das Feuer heraus!

Ich bedeckte mich schnell mit dem feuerfesten Asbest. Der Drache schickte aus allen sieben Köpfen flammendes Feuer, der Sand um mich zerfloß zu einem Spiegel, mir selbst geschah nichts. Ich kam hinter meinem Schutz hervor und rief: »Das mit dem Feuer hat nicht funktioniert, alter Drache. Nun will ich es versuchen. Komm näher an deine Höhle!«

»Hahaha, da bin ich aber neugierig«, sagte der Drache und lachte. Er stellte sich meiner Weisung entsprechend auf, an die Stelle, wo ich das Benzin verschüttet hatte. Ich nahm die Lupe und hielt sie in die Sonnenstrahlen. »Nun sieh her, Drache«, sagte ich und ließ einen Sonnenstrahl durch die Lupe auf den Boden fallen. Das Benzin entzündete sich und Flammen schossen auf und umzüngelten den Drachen von allen Seiten. »Auweh!« schrie er. »Hör auf! Das brennt!«

»Ich höre nicht auf«, sagte ich, »außer, du wirst mein Diener.«

»Ich will tun, was du willst, hör nur mit diesem Feuer auf!«

»Nun gut, komm hierher, wo ich stehe.«

Der Drache lief aus dem Feuer und stürzte sich auf mich. Ich sprang schnell zur Seite und pfiff, und mein Helfer zog die Säge durch, die Eiche fiel direkt auf den Drachen.

Der Drache brüllte auf und begann zu jammern, er habe genug davon, ich solle ihn in Ruhe lassen. Ich nahm das Seil und fesselte schnell alle seine sieben Köpfe aneinander, so wie man einen Blumenstrauß bindet. Dann sägten wir mit der Säge die größten Äste ab und befreiten den Drachen von seiner Last. Sofort begann er aufzumucken. Aber seine Köpfe waren fest zusammengebunden, und wie man Knoten aufmacht, das wußte er nicht. So ergab er sich denn. Ich nahm das Ende des Seils und führte den Drachen hinter mir her.

Die Leute in der Stadt, die uns kommen sahen, flohen in den Keller oder versteckten sich, wo sie konnten.

Ich brachte den Drachen zum Schloß. Dort entlohnte ich meinen Helfer. Dann rief ich den König. Der König trat auf den Balkon hinaus und bestaunte meinen Drachen. Ich solle ihn gleich ins Kesselhaus bringen, dort würde man ihn anschmieden; so könnte der Drache Feuer und Rauch in die Feuerstelle der Zentralheizung und unter die Kessel blasen, wo das Wasser gewärmt wird. Die Lebenskosten sind heutzutage schrecklich hoch, und selbst ein König weiß nicht, wohin zuerst mit dem Geld. So führte ich den Drachen ins Kesselhaus und ließ ihn dort anschmieden. Der Drache bat mich, ihm ab und zu mal eine kleine Prinzessin zu bringen, ich hätte ja nun mal gesiegt, aber so eine Prinzessin als Zugabe wäre doch sicher ab und zu mal drin. Das konnte ihm so passen! Nein, er müsse mit Rindfleisch vorlieb nehmen, sagte ich, mit Tomaten und grünen Erbsen – es ist aus mit Prinzessinen!

Ich ging zu seiner Hoheit König Achich und sagte,

die Arbeit wäre nun getan, ich dächte an meine Heimkehr. Aber natürlich, sagte er, das ist selbstverständlich, nur sollte ich noch etwas für ihn tun. Er habe im Turm eine schreckliche Schlange, eine Tigerschlange, und er habe große Angst vor ihr. Sie habe sich dorthin verkrochen und wolle nicht wieder heraus. Wer dem Turm zu nahe kommt, den fängt und erwürgt sie. Ich sagte, ich würde es ohne weiteres versuchen, nahm mein Schwert und ging zur Tigerschlange. Ich betrat den Turm und ging die Treppe hinauf. Auf einmal schlug das Tor hinter mir zu, jemand schloß mich im Turme ein. Und draußen lachte der König. So habe er mich doch gekriegt, rief er. Er könne mich doch nicht gehen lassen, wo ich seine Soldaten in die Flucht geschlagen und den Drachen besiegt hätte! Er wolle mich behalten, und wenn wieder mal eine schwierige Aufgabe zu erfüllen sei, wie sie nur Prinzen vorbehalten ist, dann würde er mich schon holen lassen.

Und das war's! Ich versuchte alles mögliche, um aus dem Turm herauszukommen, aber es geht nicht. Ich wollte aus meinem Hemd ein Seil flechten und mich daran herunterlassen, doch der Turm ist viel zu hoch. Ich versuchte, mich unten durchzugraben – aber der Turm ist aus festem Stein. König Achich hat mich überlistet, und ich weiß mir keinen Rat. Eine wilde Taube pflegt in den Turm zu kommen, und ich habe sie gezähmt. Bald wird es Frühling werden, und sie wird nach Norden ziehen. Ich habe meine Erlebnisse niedergeschrieben, und ich will ihr den Brief an den Hals binden. Vielleicht fängt sie jemand ein und gibt die Nachricht weiter, heim zu uns nach Liberia. Möge mich doch jemand befreien kommen oder dem Oberhexenmeister Thymian ausrichten, daß ich mich schon gebessert habe und wieder nach Hause will. Dies schreibe ich, der unglückliche Prinz Hugo, der künftige König Lins IV., in einem Turm im Lande Yypsaag Hrlmooh.

*Aus dem tschechischen Manuskript übertragen von Dr. Herbert Ungar*

# Wie es geschehen kann, daß drei Mädchen und eine Frau gleichzeitig weinen müssen

Hans-Joachim Gelberg

Ein Mädchen las in seinem Märchenbuch von einem Mädchen, das ein Märchen in einem Märchenbuch las. Das Märchen erzählte von einem wunderschönen Mädchen, das sehr arm war. Auch das Mädchen, das ein Märchen in dem Märchenbuch las, war arm und ungewöhnlich schön, schöner als die Sonne. Das andere Mädchen aber, das auf einem Stuhl am Küchentisch saß, war gar nicht schön. Es dachte jeden Tag, wenn es vor dem Spiegel stand: Meine Nase ist zu dick und mein Haar so strähnig. Wäre ich doch so schön wie die Mädchen in den Märchen! Darüber wurde es manchmal sehr traurig. Als es nun beim Lesen an die Stelle kam, wo das schöne arme Mädchen, das in einem Märchenbuch las, vor Mitgefühl weinte, weil das arme schöne Mädchen in dem Märchen weinen mußte, tropfte auch dem Mädchen am Küchentisch eine Träne auf die Buchseite. Da sagte die Mutter, die gerade Zwiebeln in die Pfanne schnitt: »Mußt du auch so weinen?« Und so kam es, daß drei Mädchen und eine Frau gleichzeitig weinen mußten.

# Vom Küchenjungen in Dornröschens Schloß

Irmela Brender

Von Dornröschen weiß fast jedes Kind: wie aus Mangel an passendem Geschirr eine weise Frau zur Feier von Dornröschens Geburt nicht eingeladen werden konnte, wie die Ungebetene dann doch erschien und dem Königskind zum fünfzehnten Geburtstag den Tod wünschte; und wie dann eine andere weise Frau den bösen Wunsch abwandelte – nicht sterben sollte Dornröschen, sondern hundert Jahre lang schlafen. Das tat das Königskind dann auch, und mit ihm schliefen alle im Schloß, bis ein Prinz kam und mit einem ganz leisen Kuß alle aus dem Schlaf schreckte.

Alle – auch den Küchenjungen, von dessen Geschichte bisher viel zu wenig die Rede war. Denn natürlich haben nicht nur Königskinder, sondern auch Küchenjungen ihre Geschichte.

Dieser Küchenjunge hatte eine besonders unerfreuliche: Sein Chef, der Koch, ließ ihn immer nur Zwiebeln schneiden. Und nie schnitt der Küchenjunge dem Koch die Zwiebeln fein genug. Der Junge hatte schon eine Triefnase und rotverheulte Augen von der vielen Zwiebelschneiderei, aber der Koch kannte kein Erbarmen. »Bevor du die Zwiebeln nicht so fein schneidest, daß man sie mit der Zunge zerdrücken kann, bekommst du keine Kartoffel in die Finger«, pflegte er zu sagen, und manche Leute meinen, daß daher der Ausdruck »zwiebeln« kommt, der soviel wie quälen heißt. Nun, an jenem Tag, an dem Dornröschen fünfzehn wurde – der Küchenjunge hatte das Königskind übrigens noch nie gesehen, sein Leben spielte sich in der Küche und in seiner Schlafkammer ab – , an jenem Dornröschengeburtstag also war der Zeitpunkt gekommen, an dem der Küchenjunge es einfach nicht mehr aushielt. Wenn er die letzten Wochen und Monate seines Lebens überblickte, dann sah er da nichts als Zwiebeln, und wenn er sich die Zukunft vorzustellen versuchte, dann war da wieder nur ein Zwiebelberg. Und so tat der Küchenjunge etwas, was zu Dornröschens Zeiten höchst ungewöhnlich war – er protestierte. Als der Koch unmutig die geschnittenen Zwiebel musterte und gerade den Mund öffnen wollte zu seinem vielgesagten Satz: »Bevor du die Zwiebeln nicht so fein schneidest...«, da hob der Küchenjunge den Kopf vom Zwiebelbrett. Seine tränenden Augen funkelten, die geschwollene Nase zuckte, und mit verschnupfter Stimme schrie er: »Nicht eine Zwiebel werd' ich mehr schneiden, und wenn's mich das Leben kosten sollte.« Es wurde mucksmäuschenstill in der Küche. Die Unterköche standen wie erstarrt – eine solche Unverschämtheit war ihnen noch nie zu Ohren gekommen. Der Koch hob die Hand zur einzigen Antwort, die seiner Meinung nach möglich war, nämlich zu einer saftigen Ohrfeige – aber genau in dieser Sekunde stach sich irgendwo in einem Dachzimmer des Schlosses Dornröschen mit der Spindel in den Finger, und alle sanken augenblicklich in tiefen Schlaf.

Nun dauert ein hundertjähriger Schlaf wahrhaftig eine lange Zeit, und man kann viel träumen unterdessen – Schönes und Schlimmes, wie's gerade kommt. Der Koch muß wahre Alpträume gehabt haben, in denen geschnittene Zwiebeln und protestierende Küchenjungen und bald auch protestierende Zwiebeln und zerschnittene Küchenjungen ihn bedrohten – jedenfalls, als er hundert Jahre später erwachte und seine Hand immer noch zum Schlag bereit über dem Ohr des Küchenjungen hielt, da machte er aus dem Schlag einen freundlichen Klaps und sprach: »Laßt uns gemeinsam Kartoffeln schälen, mein Freund.« Übrigens waren Koch und Küchenjunge und alle anderen auch inzwischen beträchtlich gealtert, und der ergraute Küchenjunge und der weißhaarige Koch vergaßen das Zwiebelproblem ganz über der Hochzeit, die das einhundertfünfzehnjährige Dornröschen bald darauf mit seinem Prinzen feierte.

# Der Wettlauf zwischen Hase und Igel

Rolf Krenzer

*Der Hase, Supersportler, schnell,*
*lang ausgefahrenes Laufgestell.*
*Dagegen der Igel, plump und dick,*
*Amateursportler mit wenig Geschick.*
*Es kommt zum Wettlauf auf dem Acker.*
*Der Hase rast und spurtet wacker,*
*doch hat der Igel mit Bedacht*
*sich gleich seine Gattin mitgebracht.*
*So sehr auch der Hase vom Leder zieht,*
*er merkt nicht den winzigen Unterschied*
*und fällt zum Schluß erledigt um.*
*Die Igel lachen sich schief und krumm.*
*Moral:*
*So mancher zappelt sich ab mit Macht*
*und wird durch Gemeinheit zur Strecke gebracht.*

# Männer im Mond

## Karlhans Frank

»Vater, erzähl mir eine Geschichte«, wünscht Ulrike. Eigentlich ist sie schon zu alt dazu, geht ins dritte Schuljahr, kann selbst lesen, kann sich eigene Geschichten ausdenken – aber wir sitzen so kuscheligmuschelig am Fenster, sehen hinaus, und es ist Abend vor dem Fenster, und der Mond scheint hindurch. »Bitte, bitte«, sagt Ulrike.

Nun gut. Aber, was soll ich dir erzählen? – Ich hab's!

Vor vielen hundert Jahren lebte ein böser Mann. Der hatte nur Gemeinheiten im Kopf. Er tat stets das, was verboten war oder sich nicht gehörte. Einmal ging er an einem heiligen Sonntag, an dem man damals gar nicht arbeiten durfte, in einen Wald, der ihm überhaupt nicht gehörte, und schlug eine kleine, feine, noch nicht erwachsene Birke um. Bum!

Die gute Fee, die in dem Wald wohnte, hörte das. Plötzlich stand sie vor dem bösen Mann und leuchtete vor lauter Gutsein, obwohl sie streng guckte. »Hör mal«, sprach sie zu dem Bösewicht, »man darf fremde Bäume nicht abhacken!« Der Mann lachte. »So kleine Bäume darf man erst recht nicht umhauen!« tadelte die Fee. Der Mann lachte. »Und am heiligen Sonntag darf man überhaupt nicht arbeiten«, schimpfte sie. Er lachte laut. Da ward die gute Fee zornig, und sie zauberte:

»Am siebten Tage sollst du ruhn
und keine harte Arbeit tun.
Weil du den Sonntag nicht geschont,
mußt du für ewig auf den Mond!«

Kaum war es ausgesprochen, war der böse Mann allein im kalten Mond.

Ulrike meckert: »Erstens war die Geschichte zu kurz. Zweitens steht sie so ähnlich in meinem Märchenbuch. Drittens war sie doof. Erzähl mir eine andere Geschichte.«

Eine andere Geschichte? Paß auf!

Vor einigen hundert Jahren lebte ein guter Mann. Er war von Beruf Hilfsarbeiter bei einem reichen Bauern, aber als der Winter kam, entließ der Bauer ihn. Im Winter gab es nicht genug Arbeit auf dem Hof.

Der gute Mann hatte drei Kinder, die er sehr liebte. Nun hatte er kein Geld, um Brot zu kaufen. Er hatte auch kein Geld, um Kohlen zu kaufen. Der Winter war in diesem Jahr besonders kalt. An einem eisigen Sonntag froren die Kinder. Da ging der gute Mann in den Wald, der dem reichen Bauern gehörte, und hackte dort von einer dicken Eiche einen alten Ast ab, mit dem er für sich und seine Kinder heizen wollte.

Als er mit dem Ast auf dem Buckel nach Hause wollte, stand plötzlich die alte Hexe vor ihm, die für den reichen Bauern den Wald bewachte. (Dafür durfte sie in diesem Wald Giftschlangen sammeln.) Die fiese Hexe, die in einen lumpigen Uniformrock gekleidet war, schaute den guten Mann aus roten Augen an, schlug ihm mit ihrem Zauber-Gummiknüppel auf die Schulter und hexte:

»Donner, Blitz und Bilsenkraut!
Du hast am Sonntag Holz geklaut.
Das Holz gehörte meinem Herrn.
Mein Herr sieht so was gar nicht gern!
Erkenne, daß sich das nicht lohnt,
und fahr für ewig auf den Mond!«

An einem normalen Wochentag wäre die Strafe nicht so hart ausgefallen. Die Hexe hätte den Mann nicht auf den Mond fluchen können. So aber nahm der Teufel den guten Mann und schleppte ihn auf den höchsten Mondberg, ohne sich um die Kinder des Mannes oder sonst was zu kümmern.

»Mann, Papi«, mault Ulrike. »Das war doch dieselbe Geschichte in Grün. Laß dir was Besseres einfallen.«

Besser? Also:

Vor einigen Jahren lebte ein Mann, der war weder richtig gut, noch war er richtig böse. Er war ganz normal, so wie alle Erwachsenen, die normal sind. Der Mann war von Beruf Techniker in einem Elektrizitätswerk. Eines Tages hatte er Sonntagsdienst …

»Papi, halt die Luft an!« unterbricht Ulrike. »Jetzt kommt ein blöder Zauberer und macht Hokuspokus, dann ist der Mann auf dem Mond. Da kann er dann mit den beiden, die schon oben sind, Quartett spielen. Fällt dir denn nichts Vernünftigeres ein?«

Ich geb's ja zu, vernünftig ist das nicht gewesen. Als nämlich die Arbeitskollegen von dem Mann erfuhren, daß der Mann auf den Mond gezaubert war, weil er am Sonntag gearbeitet hatte, da wollten sie alle sonntags nicht mehr arbeiten. Seitdem gibt es in dieser Stadt sonntags weder Licht noch Kino; die Kühlschränke funktionieren nicht, und die Milch wird sauer; Eltern und Kinder langweilen sich, weil's Fernsehen ausfällt…

»Mir reicht's!« schimpft Ulrike. »Ist die Geschichte zu Ende?«

Nee! Auf dem Mond traf ja der Mann auf die beiden anderen. Er erzählte ihnen, wie es jetzt zugeht auf der Erde, was es da an tollen Erfindungen gibt. Die beiden von früher staunten. Sie fragten: »Wenn so viel gemacht wird, wenn es Obst und Hähnchen in der Büchse gibt, dann muß wohl niemand mehr hungern auf der Welt?« – »Doch«, sagte der neue Mensch auf dem Mond. »Hunger gibt es noch.« – »Aber Krieg?« fragten die alten Mondmänner. – »Ach, wißt ihr«, sagte der Neuankömmling, »Kriege gibt es noch. Überhaupt haben sich viele Sitten und Gebräuche auf der Erde erhalten, die ziemlich sinnlos sind. Eigentlich bin ich ganz froh, daß ich bei euch auf dem Mond bin.« Dann sangen sie dreistimmig »Guter Mond, du gehst so stille«, ehe sie sich schlafen legten.

»War trotzdem dieselbe Geschichte«, behauptet Ulrike. »Jetzt erzähl mir mal was Neues!«

Wie du willst, was Neues!

Vor einiger Zeit lebte ein Astronaut namens Franz. Der sollte mit zwei anderen Astronauten zum Mond fliegen. An einem Sonntagmorgen klingelte bei ihm das Telefon. Als er den Hörer abhob, meldete sich sein Oberastronaut und fragte: »Kannst du inzwischen mit dem Computer, der uns unterwegs ausrechnet, ob wir auf dem richtigen Weg sind, umgehen?« – »Nee«, antwortete Franz. »Dann lern das bis morgen«, befahl der Oberastronaut. »Morgen ist Generalprobe für unseren Mondflug.« – »Geht nicht«, brummte Franz. »Heute ist Sonntag, heute habe ich arbeitsfrei.« – Da wurde der Oberastronaut wütend. Er schnauzte: »Wie Sie wollen! Aber eins können Sie sich hinter die Ohren schreiben: Sie fliegen nicht mit uns zum Mond. Für Sie nehmen wir den Max mit!« So kam es, daß Franz, weil er an einem Sonntag nicht arbeiten wollte, auf der Erde bleiben mußte.

Ulrike ist entrüstet. Sie quietscht: »Hör endlich mit diesem Mondquatsch mit Sauce auf. Du hast mir jetzt viermal dieselbe Geschichte erzählt, und das am Sonntagabend, wo wir's so gemütlich haben. Man sollte dich auf den Mond schießen. Ich geh' jetzt ins Bett und denk' mir selbst 'ne Geschichte aus!«

Aber am nächsten Morgen, ehe sie zur Schule geht, meint Ulrike: »Papi! Ich hab' gestern im Bett über deine Geschichten nachgedacht. Eigentlich waren die ganz hübsch und nicht viermal dasselbe. Schreib die doch mal auf für andere Kinder. Vielleicht kriegen die 'raus, warum und wie sich die Geschichten unterscheiden.«

# Siebtens, der Traum ist erfüllt, bitte aussteigen

Achim Bröger

»Dieser Lärm raubt mir den letzten Nerv!« schnaubte Boschko, wütend über die Autos, die acht Stockwerke unter seiner Wohnung vorbeikrochen. Ein hupender, quietschender, stinkender Zug. Das tägliche ohrenbetäubende Konzert der Leute, die nach der Arbeit zurück in die Wohnvorstädte fuhren.

Zum Glück war Boschko dem Lärm und Gestank nicht völlig hilflos ausgesetzt. Er besaß ein Tonband, das mit leisem Bäumerauschen begann. Als Auftakt ein Windhauch, der in den Blättern raschelte. Dann setzte Vogelgezwitscher ein. Wenn er das Tonband sehr laut stellte, übertönte es wohltuend den Lärm, der von draußen kam. Dazu sprühte er etwas Waldluft aus der praktischen Spraydose in sein Zimmer.

Ein Specht klopfte, Wind rauschte und Tannenduft strömte. Boschko lag in seinem Sessel und fühlte sich zufrieden. So müßte es immer sein, dachte er. Dann nahm er den neuesten Kaufhauskatalog vom Tisch und blätterte darin. Er war jetzt prächtiger Laune und schmunzelte. Es war auch zu komisch. Das Kaufhaus, das ihm diesen Prospekt ins Haus geschickt hatte, nannte sich: »Das Kaufhaus, das Ihre Träume erfüllt«.

»Na na«, meinte Boschko, »das ist doch wohl übertrieben. Ich glaube den Kaufhausleuten einfach nicht, daß sie meine Wünsche und Träume erfüllen können. Woher sollen sie die überhaupt kennen?«

Er atmete die Tannenluft tief ein. Plötzlich lachte er leise. »Jawohl«, sagte er schmunzelnd, »das tue ich.« Er nahm die Bestellkarte, die in dem Katalog lag. Auf der Karte stand: »Lieber Kunde, tragen Sie Ihre Wünsche deutlich lesbar ein. Senden Sie die ausgefüllte Bestellkarte dann an unser Kaufhaus zurück. Das Kaufhaus, das Ihre Träume erfüllt, liefert prompt, preiswert und zuverlässig!«

Boschko überlegte einen Augenblick, dann schrieb er: »Liebe Kaufhausleute, sind Sie wirklich sicher, daß Sie meine Träume erfüllen können? Also ... ich träume von einem Ort, wo es etwas gibt, was es hier kaum noch gibt – Ruhe, absolute Ruhe. Ich möchte also Ruhe bei Ihnen kaufen. Jetzt bin ich gespannt, ob Sie wirklich prompt, preiswert und zuverlässig liefern!«

Bevor er die Karte abschickte, mußte er allerdings noch einiges ausfüllen. Angaben über Vater und Mutter, sein Alter, Gewicht, Einkommen, Religion, Hobbys, Kinderkrankheiten und so weiter. Die wollen aber viel wissen, dachte Boschko und füllte gewissenhaft alles aus. Eigentlich nahm er das gar nicht ernst. Er erwartete keine Antwort auf diese Karte. Aber es geschah etwas Unerwartetes, und zwar schon am übernächsten Tag.

Bei Boschko klingelte es. Vor der Tür standen einige Männer. »Guten Tag«, grüßte der Besitzer eines braungebrannten Gesichts und strahlenden Lächelns.

»Guten Tag«, wünschte Boschko den gutgekleideten Herren. Er wunderte sich über die vielen Besucher. Drei Herren standen direkt vor ihm, einige andere warteten weiter unten im Treppenhaus. Die Untenstehenden trugen schwer an einem länglichen Gegenstand.

»Hier ist die Bestellkarte, die Sie an unser Kaufhaus geschickt haben«, sagte der Herr. »Übrigens, ich bin der Direktor des Kaufhauses, das Ihre Träume erfüllt. Sie träumen also von Ruhe?«

Boschko sah die Leute an. Der Herr vor ihm hielt immer noch die Bestellkarte in seiner Hand. Man lächelte ihm freundlich zu. Unsicher blickte er von einem zum anderen und sagte dann: »Das war ein Scherz, meine Herren, nur ein kleiner Scherz.«

»Ach was», antwortete man ihm, »mit uns scherzt man nicht! Außerdem sind wir sicher, daß Sie prüfen wollen, ob wir die Träume unserer Kunden wirklich erfüllen können. Das ist Ihr gutes Recht. Darf ich Ihnen meinen Werbechef vorstellen?«

Ein zweiter Herr verbeugte sich. Dann traten sie ein. Der Kaufhausdirektor sagte noch: »Wir haben uns eine sehr interessante Sache für Sie ausgedacht.«

»Was haben Sie sich ausgedacht?« erkundigte sich Boschko. Seine Frage blieb unbeantwortet. Dafür wurde ein dritter Herr vorgestellt: »Unser Fotograf!«

Ein Klick, ein Blitz – die Szene in Boschkos Wohnzimmer war im Bild festgehalten.

»Bitte, was wollen Sie nun eigentlich von mir?« fragte Boschko, der langsam mutiger wurde.

»Wir wollen nichts von Ihnen«, wurde er vom Werbechef korrigiert. »Sie wollen etwas von uns. Die absolute Ruhe. Wir erfüllen Ihnen diesen Traum, sogar kostenlos!« Der Mann hob seinen Zeigefinger und wiederholte: »Sogar kostenlos!« Dann sprach der Direktor weiter: »Sie werden als erster Privatreisender eine Reise zum Meer der Ruhe antreten. Vorgestern hatten Sie diese Bestellkarte abgeschickt. Heute bedienen wir Sie. Wir liefern prompt, preiswert...«

»... und zuverlässig!« ergänzte der Werbechef.

Boschko kratzte sich unterdessen am Kopf und brummte: »Das Meer der Ruhe liegt doch auf dem Mond, nicht wahr?«

»Jawohl, auf dem Mond. Sie werden mit unserer neuen Rakete dorthin reisen, als Versuchskunde sozusagen. Nach unseren Unterlagen sind Sie ein ausgezeichnet geeigneter Versuchskunde.«

Auch die anderen Herren traten jetzt ein. Sie schleppten das schwere, gut verpackte Ding in Boschkos Wohnung. Als sie es ausgepackt hatten, stand im Wohnzimmer, schräg von der Tür zum Fenster, eine blinkende, funkelnagelneue Rakete.

»Unser neuestes Modell!« stellte der Direktor vor und strich liebevoll über das glänzende Metall. »Die Rakete für den unternehmungslustigen Junggesellen. Modell R 1. Mit Automatic und voll programmiert. Vierzehn Gänge, Teilzahlung möglich. Natürlich brauchen Sie als Versuchskunde nichts zu bezahlen. Sie probieren das Ding nur aus. Alles über die Bedienung von R 1 finden Sie auf der Gebrauchsanleitung im Inneren der Rakete. Sie ist absolut idiotensicher. Wenn Sie am Meer der Ruhe angekommen sind, wird

Sie niemand stören. Wir haben das ganze Gelände gekauft.«

Boschko war ein wenig beleidigt. Idiotensicher, dachte er, das hätte der Herr nicht unbedingt sagen müssen. Aber ihm blieb nicht viel Zeit, beleidigt zu sein. Energisch schob man ihn zur Rakete. Ein metallisch glänzender Anzug wurde ihm übergestülpt. Boschko schrie: »Wie kommen Sie eigentlich darauf, mich als Versuchskunde zu benutzen?«

»Wenn Sie die Bestellkarte wahrheitsgemäß ausgefüllt haben, sind Sie genau unser Durchschnittskunde. Größe, Verdienst, Alter, Gewicht, Erziehung, Einstellung, alles Durchschnitt. Sie träumen sogar Durchschnittsträume. Ruhe haben, weit weg sein. Es ist wichtig für uns, einen solchen Menschen zu kennen. Nur er weiß, ob das, was wir entwickeln und verkaufen wollen, bei unseren Kunden wirklich ankommen wird.«

Bevor Boschko endgültig in der Rakete verschwand, fragte er mit ungläubigem Gesicht: »Und wer sagt Ihnen, daß ich wirklich so durchschnittlich bin?«

»Unser Computer«, hörte er leise, denn er saß jetzt in der Rakete. Dann hörte er nur noch: »Und vergessen Sie nicht, die Gebrauchsanleitung zu lesen.«

Im letzten Augenblick fiel Boschko noch eine Kleinigkeit ein, die man beinahe vergessen hätte. Aus Leibeskräften schrie er: »Um Gottes willen, öffnen Sie vor dem Start bitte die Fenster. Fensterscheiben sind teuer!«

Boschko saß vor der Gebrauchsanleitung in der engen Raketenkabine. Das kommt davon, dachte er

verzweifelt, wenn man einem Kaufhaus von seinen Träumen berichtet. Er mußte sich jetzt völlig auf die Gebrauchsanleitung konzentrieren. Da stand: »Erstens, Sie stellen Hebel 1 auf Stufe 1.« Er tat es. »Dann stellen Sie Hebel 1 auf Stufe 2.« Auch das tat er. Die Rakete vibrierte leicht. Jetzt mußte Hebel 2 auf Position M gestellt werden. M hieß wahrscheinlich Mond.

Boschko saß in dem engen Raum. Er hörte ein gewaltiges Rauschen und Brausen, sah nichts, aber tat all die Dinge, die die Gebrauchsanleitung von ihm verlangte. Sie schlafen jetzt ein, so ertragen Sie die Strapazen des Fluges und der Landung besser, war der nächste Punkt. Gut, dachte Boschko, dann muß ich wohl einschlafen. Und er schlief ein.

Boschko verschlief auch die Landung. Erst als die Rakete stand, sah er wieder auf die Gebrauchsanleitung.

Siebtens: »Der Traum ist erfüllt, bitte aussteigen! Genießen Sie die Stille. Sie haben genau zwei Stunden Zeit.«

Zwei Stunden nur – etwas enttäuscht schaltete Boschko die Sauerstoffversorgung an. Den Helm mit der Plastikscheibe, durch die er gut sehen konnte, stülpte er über den Kopf. Dann öffnete er die Ausstiegsluke und sah hinaus.

Die Rakete R 1 aus dem Kaufhaus stand auf dem Mondboden. Grau sah der aus. Grau, öde und ruhig. Das Meer der Ruhe war eine riesige Fläche, ein Meer aus Staub und einigen Gesteinsbrocken. Ein größerer Felsbrocken, einige hundert Meter weiter, warf seinen langen, scharfen Schatten auf die Staubfläche.

Boschko kletterte aus der Rakete und stand zum ersten Mal mit beiden Beinen auf diesem Boden. Leicht fühlte er sich, aufgelegt zu hohen Sprüngen. Die Erde sah er am Himmel, sie wirkte wie eine festgenagelte Scheibe. Ob mich jemand von da unten – oder ist es oben? – mit einem starken Fernrohr erkennen kann? überlegte er.

So . . . und jetzt wird die Ruhe genossen, nahm er sich vor und streckte seine Arme weit von sich. Herrlich, nicht ein einziges Auto sah und hörte man. Bis zum nächsten Stützpunkt der Menschen waren es einige hundert Kilometer. Boschko wunderte sich nur, daß es hier Fußspuren gab. Ganz deutlich erkannte er seine eigenen. Aber da waren nicht nur seine. Zu seinem Erstaunen sah er ganz deutlich die Abdrücke von nackten Zehen, obwohl hier niemand ohne Schutzkleidung leben konnte.

Als nächstes fiel Boschko der kleine Felsen auf. Das war nämlich gar kein Felsen. Dafür wirkte das Ding viel zu regelmäßig. Wenn er genau hinsah, erkannte er eine große, graue Kiste, die auf dem Mondboden stand. Und jetzt hörte er aus dieser Richtung ganz deutlich: »Hallo.« Ein »Hallo« am Meer der Ruhe? Obwohl Boschkos Knie mit den Händen um die Wette zitterten, zwang er sich, auf die Kiste zuzugehen.

»Was wollen Sie hier?« fragte die Stimme aus der Kiste.

»Meine Ruhe«, antwortete Boschko.

»Ich will nichts anderes. Also ist einer von uns zuviel hier. Verschwinden Sie, Sie komischer Mensch! Fliegen Sie zurück zur Erde!«

Boschko ging weiter auf die Kiste zu. »Na na«, sagte er beruhigend, »warum sind Sie denn so unfreundlich? Schließlich bin ich hierher geflogen, um die Stille zu genießen. Was suchen Sie eigentlich auf diesem Grundstück? Das gehört doch dem Kaufhaus, das Ihre Träume erfüllt. Ich probiere deren Rakete aus.«

»Ach so, von diesem Kaufhaus kommen Sie. Das hätte ich mir eigentlich denken können. Merken Sie sich, ich mache hier so lange Krach, bis Sie verschwunden sind!«

Mit der Ruhe war es vorbei. Der in der Kiste tobte und schrie. Er veranstaltete einen fast unerträglichen Lärm. Fassungslos stand Boschko auf dem Mondboden und stemmte seine beiden Hände gegen den Helm, als wollte er sich die Ohren zuhalten.

Nach einiger Zeit tönte es mit erschöpfter Stimme aus der Kiste: »Sind Sie immer noch da?« Ohne die Antwort abzuwarten, tauchte langsam und ein wenig ruckartig ein Kopf über dem Rand der Kiste auf.

Aber was war das für ein Kopf? Und was war das für ein seltsames Männchen, das da über den Kistenrand kletterte?

»Na ja«, sagte es jetzt und klang plötzlich viel freundlicher, »ich kann Sie wohl nicht vertreiben. Ich gebe es auf.«

Groß und glänzend stand Boschko vor dem Männchen und starrte es an. Buntangezogen war es, lächerlich bunt. Alles an ihm reizte zum Lachen. »Seltsam sehe ich aus, nicht wahr?« sagte das Männchen. »Fast wie ein Mensch. Aber doch auch wieder nicht ganz wie ein Mensch. Ein wenig zu lächerlich, nicht wahr?

Meine Stimme klingt maschinell. Na... haben Sie es noch nicht erraten? Darf ich mich vorstellen? Mein Name ist Korpul. Ich bin die Fehlentwicklung eines Roboters aus der Versuchsabteilung des Kaufhauses, das Ihre Träume erfüllt.«

Boschko hörte staunend zu. Der Roboter kicherte. »Wissen Sie«, erklärte er, »eigentlich sollte ich lustig werden. Der außergewöhnliche, erste, vollautomatische Spaßmacher zur Verbesserung der allgemeinen Laune. Der lustige Roboter für alle Lebenslagen. Besonders praktisch für Leute, die sonst nichts zu lachen haben. Aber ich lachte so gräßlich, daß sich alle fürchteten. Mein Vater, mein Konstrukteur meine ich, fand, daß ich seine schlechteste Konstruktion wäre. Um mich nicht immer vor Augen zu haben, nahm er mich auf einem Testflug mit und setzte mich hier aus. Und dann hat er sich angestrengt, mich zu vergessen. Kein Wunder, ich war ja auch seine schlechteste Leistung. So, jetzt habe ich alles erzählt. Ich war die ganze Zeit froh, daß ich hier meine Ruhe hatte. Aber vielleicht können Sie mir ja nützlich sein. Mir fehlt nämlich etwas – Öl. Ein kräftiger Schluck Öl. Ich bin durstig.«

Zum Glück stand in der Rakete eine Flasche Maschinenöl. Boschko schenkte dem Roboter die Flasche. Der trank sie und wirkte dann gleich viel freundlicher. »Wie geschmiert fühle ich mich«, meinte er. Dann stand er auf, klemmte die halbleere Flasche unter den Arm und ging ruckartig zu seiner Kiste zurück. »Genießen Sie jetzt die Stille«, empfahl er beim Weggehen gönnerhaft.

Boschko nickte, dann setzte er sich an die Rakete

und genoß die Stille. Aber seltsamerweise war diese Stille so still, daß er sie kaum ertragen konnte. Kein Laut störte. Sogar der Roboter war völlig ruhig. Schließlich hielt es Boschko vor Stille nicht mehr aus. Er setzte sich zu Korpul und erzählte ihm von der Erde. Von den Städten mit ihrem Lärm und Gestank, von den Autos, von Raketen und davon, daß es immer noch nicht gelungen ist, ein wirksames Schnupfenmittel zu erfinden. Eine Viertelstunde nach der anderen verging. Schließlich waren die zwei Stunden vorbei, und sie mußten sich voneinander verabschieden.

»Tschüs, Herr Boschko, und danke für das Öl.«

»Tschüs, Herr Korpul.«

Gleich darauf saß Boschko wieder in der Rakete und hatte kaum noch Zeit, dem seltsamen Roboter zu winken, der da draußen auf seiner Kiste hockte.

Boschko mußte wieder Dinge tun, die die Gebrauchsanleitung der Rakete R 1 von ihm verlangte. Punkt für Punkt befolgte er alles ganz genau. Dann kam der Punkt sechs: »Einschlafen«, hieß es da. Der Flug verging fast wie im Traum, dachte er noch, wie in einem seltsamen Traum.

Als Boschko ausgeschlafen hatte, landete die Rakete. Er öffnete die Luke. Vor ihm auf der Betonpiste stand der Direktor des Kaufhauses. Auch der Werbechef war anwesend, und der Fotograf fehlte natürlich auch nicht.

Man begrüßte ihn: »Willkommen auf dem Versuchsflugplatz des Kaufhauses, das Ihre Träume erfüllt. Die Landung klappte ganz ausgezeichnet. Wie war es sonst?«

»Danke, sehr gut«, antwortete Boschko und erzählte nichts von Korpul. »Völlig idiotensicher und ganz erstaunlich still.«

Der Direktor des Kaufhauses sprach vom vollen Erfolg dieser Reise. »Wir werden Sie bald als Urlaubsreise für den unternehmungslustigen Junggesellen anbieten. Jedes Wochenende wird eine Rakete zum Meer der Ruhe starten.«

Armer Korpul, dachte Boschko. Er wurde jetzt von allen gelobt. »Sie sind ein wirklich ausgezeichneter Versuchskunde«, hieß es. »Wir haben neue Aufgaben für Sie. Kommen Sie doch bitte morgen wieder. Wir bezahlen gut.«

Boschko versprach, sich das zu überlegen. Zu Hause dachte er daran, daß er das vor einigen Tagen alles noch unglaublich gefunden hätte. Wenn er aus dem Fenster sah, erkannte er über den Hausdächern den Mond. »Da oben stehen Korpul und seine Kiste«, sagte er leise und winkte hinauf, obwohl er genau wußte, daß der ihn nicht sehen konnte.

Eigentlich hat das Kaufhaus, das meine Träume erfüllt, meinen Traum nicht richtig erfüllt, fiel ihm ein, als er endlich Zeit zum Überlegen hatte. Und ich habe mir die Stille auch gar nicht mehr so sehr gewünscht oder irgendwie anders.

Als er daran dachte, was die Kaufhausleute noch alles mit ihm ausprobieren könnten, fühlte er sich plötzlich wie ein Versuchskaninchen, und das gefiel ihm gar nicht. Kurz entschlossen setzte er sich an seinen Schreibtisch und schrieb einen Brief an das Kaufhaus.

»Liebes Kaufhaus, das meint, meine Träume erfüllen zu können. Auf die Arbeit als Versuchskunde möchte ich verzichten. Es war zwar bisher ganz interessant, aber ich glaube, Sie können meine Träume nicht erfüllen, so durchschnittlich sie auch sein mögen. Herzliche Grüße, Boschko.«

Er nahm den Brief und brachte ihn zum Postamt. Erleichtert ging er nach Hause. An das Kaufhaus wollte er nie wieder eine Karte schreiben. Auch nicht, wenn man ihm verspricht, seine Träume prompt, preiswert und zuverlässig zu erfüllen.

# Schön friedliche Welt, ein Märchen

Ludek Pesek

In Rapperswil, in der Gartenstraße Nummer 7, im ersten Stock, lebte zufrieden die alte Frau S. Sie hatte eine kleine Wohnung, ein Zimmer mit Küche, Badezimmer und Zubehör. Und in diesem Zimmer, auf der Fensterbank im Blumentopf mit einer Fuchsie, lebte der Regenwurm Killian. Auch er hatte eine kleine Wohnung: ein Zimmer mit Küche, aber ohne Badezimmer. Auch er war zufrieden.

Frau S. begoß jeden Montag, Mittwoch und Freitag die Fuchsie, und das Wasser, das durch die Erde floß, tropfte dem Regenwurm Killian bis ins Bett hinein, so daß er jeden Montag, Mittwoch und Freitag badete, obwohl er kein Badezimmer hatte.

Frau S. wohnte in ihrer Wohnung mit dem schwarzen Kater Jonathan, während der Regenwurm ganz allein in seinem Blumentopf wohnte. Frau S. redete mit dem Kater Jonathan, aber der Regenwurm redete mit niemandem. Er hatte nicht einmal ein Fernsehen, so daß er gar nichts von der Welt und vom Wetter wußte. Er dachte, daß es jeden Montag, Mittwoch und Freitag regne und daß es der liebe Gott so eingerichtet habe, damit er, der Regenwurm Killian, dreimal in der Woche baden könne. Da er keinen Fernseher hatte, wußte er nicht, daß es erfrischende Schaumbäder gibt, und so war er mit gewöhnlichem Wasser zufrieden. Außerdem hatte er gar keine Zeit unzufrieden zu sein, da er entweder vom Morgen bis zum Abend die Erde im Blumentopf umgrub und nachher schlief, oder er grub vom Abend bis zum Morgen und schlief dann. Am Dienstag, Donnerstag und Samstag pflegte er ganz mit Dreck beschmiert nach Hause zu kommen, und er konnte sich nicht waschen, da es kein Wasser gab.

Er dachte, so ist es eben auf der Welt. Und vor dem Schlafengehen dachte er darüber nach, an welcher Stelle er am nächsten Tag zu graben anfangen werde – ob oben oder unten oder in der Mitte. Sogar im Traum grub er die Erde im Blumentopf um. So grub und grub er also in einem fort, am Tage wie in der Nacht.

Einmal, an einem Sonntag, gut ausgeruht und munter, grub er ganz oben, nahe der Oberfläche, wo die

Erde leicht und locker war. Die Arbeit ging ihm gut von der Hand. Der Regenwurm Killian war so zufrieden mit seinem Leben, daß er bei der Arbeit am liebsten gepfiffen hätte. Aber er hatte ja den Mund voll Erde, und so war er ganz still. Plötzlich vernahm er piepsende Stimmen. Da murmelte er: »Ah ja, die Fliegen! Schon wieder haben sie nichts zu tun, und deshalb schwatzen sie. Sie schwatzen und schwatzen.« Und er begann von neuem zu graben. Nach einer Weile hatte er aber das Gefühl, daß er sich ein wenig ausruhen und dabei hinhören sollte, was die beiden Fliegen schwatzten. Er legte das Ohr an die oberste Scholle und hörte zu.

»Ich habe am liebsten Erdbeerkompott«, sagte eine der Fliegen. »Ich habe alle Kompottsorten schrecklich gern«, sagte die andere Fliege, »aber manchmal ist mir ein Stückchen gegrilltes Fleisch lieber.« »Ich esse Erdbeerkompott fast jeden Abend«, sagte die erste Fliege. »Jeden Abend fliege ich zu den Schnurrenbergers. Bei Schnurrenbergers gibt es Erdbeerkompott zum Fernsehen.« »Oh, das Fernsehen!« rief die zweite Fliege. »Ich sehe wahnsinnig gern fern.« »Ich auch!« schrie die erste begeistert.

Der Regenwurm Killian zog das Ohr von der Scholle weg, weil die zwei Fliegen unerträglich zu quietschen begannen. Empört wollte er sich schon wieder ans Graben machen, als die Stimmen der Fliegen so laut wurden, daß er wohl oder übel hinhören mußte. »Ah, ich liebe Krimis!«

»Und ich Peter Alexander!«

»Oh, der Peter Alexander!« Darauf gluckten und

quietschten die beiden Fliegen wieder so laut, daß der Regenwurm vor Erstaunen den Kopf schüttelte. »Das gibt's doch nicht!« sagte er sich. Der Regenwurm Killian hatte noch nie Erdbeerkompott probiert, und da er auch keinen Fernseher besaß, wußte er natürlich nicht, wer Peter Alexander ist. Er wußte nicht einmal, was ein Fernseher ist – aber jetzt begann er, darüber nachzugrübeln.

»Einmal, bei einer Rudi-Carell-Show«, sagte die erste Fliege, »wäre ich beinahe in einer Kompottschüssel ertrunken. Gerade als der Heintje sang, haben meine Knie nachgegeben, und ich bin in das Kompott gerutscht. Ah, war der süß, der Heintje! Und in Farbe!« »Was, in Farbe?« schrie die zweite Fliege. »Ich hab' das nur in Schwarzweiß gesehen.« »Da müssen Sie einmal mit mir fliegen zu den Schnurrenbergers. Wenn es mal wieder eine Alexander-Show gibt!« »Oh, das Fernsehen!« sagte die zweite Fliege innig. »Das ist so etwas wie die Sonne. Wenn ich mich an der Sonne wärme und sanft einschlafe, träume ich vom Fernsehen.«

Der Regenwurm Killian kroch langsam bis zum Boden des Blumentopfs hinunter und begann, in Gedanken versunken, zu graben. Er grub mit Ausdauer, aber nicht mehr mit so großer Lust wie früher. Als er abends ins Bett kroch, dachte er darüber nach, wie es wohl sei, wenn man von der Sonne erwärmt sanft einschläft und dann vom Fernsehen träumt. Statt zu schlafen und zu träumen, dachte er über die unbekannte Welt dort oben nach. Um Mitternacht wurde seine Sehnsucht nach der Sonne und dem Fernsehen so stark, daß er sich zu einer unglaublichen Tat entschloß. Er kroch aus dem Bett und öffnete das Fenster.

Selbstverständlich konnte er nichts sehen, da im Blumentopf ewige Dunkelheit herrscht. Aber das war es eben, was der Regenwurm Killian plötzlich bis zum Hals satt hatte. Er kroch zum Fenster hinaus in die gräuliche Dunkelheit und grub sich einen Weg nach oben. Ohne nachzudenken, wälzte er die letzte Scholle fort und kroch hinaus. Das erste Mal im Leben bekam er die Sonne zu sehen! Das heißt, der Regenwurm glaubte, es sei die Sonne, es war aber der Mond.

Killian hatte keine Ahnung von der Welt. Er zitterte ein wenig vor Angst und vor Aufregung, weil er dachte, es gehöre sich nicht, daß sich ein Regenwurm an der Sonne wärmt. Außerdem zitterte er; denn durch das offene Fenster über dem Blumentopf mit der Fuchsie strömte kalte Luft herein.

Der Regenwurm Killian legte sich nieder und wartete, bis ihn die Sonne erwärme und bis er anfinge, vom Fernsehen zu träumen. Aber je länger er da lag, desto kälter wurde ihm. Er zitterte so stark, daß sogar die Blätter der Fuchsie erbebten. Dann nießte er dreimal hintereinander. Länger hielt er es nicht mehr aus. Er kroch in die Erde zurück und eilte schweigend durch die Dunkelheit ins Bett. Bevor es Morgen wurde, bekam er schrecklichen Schnupfen und Husten.

Drei Tage lang lag Killian im Bett, und es ging ihm so schlecht, daß er dachte, er werde vom Sonnenwärmen sterben. Wenn er mal nicht hustete, dachte er an die Fliegen und seufzte heiser: »Die Sonne und das Fernsehen! Unsinn und Geschwätz! Das gibt's doch nicht!« Erst am vierten Tag ging es ihm besser. Er schlief ein und träumte vom Umgraben der Erde im Blumentopf.

Eines Tages, als der Regenwurm Killian ganz oben arbeitete, vernahm er wieder die Stimmen der Fliegen. Er schüttelte den Kopf und murmelte: »Und sie schwatzen und schwatzen und schwatzen«, und er grub noch eifriger. Weil er aber nicht vor sich hin pfeifen konnte, mußte er hören, was die Fliegen einander erzählten.

»Die schönste Sache auf Erden ist das Fliegen«, sagte die erste Fliege. »Ich fliege wahnsinnig gern«, sagte die andere. »Ich würde wahnsinnig gerne nach Amerika fliegen«, seufzte die erste Fliege. »Ich auch! Wie wär's, wenn wir miteinander nach Amerika fliegen würden?«

Der Regenwurm Killian verstopfte sich das Ohr mit Erde, weil beide Fliegen so wahnsinnig zu plärren begannen, daß es nicht zum Aushalten war. Wütend grub er und zerriß dabei drei Wurzeln der Fuchsie.

Von diesem Tag an schlief der Regenwurm schlecht. Er mußte ständig an das Fliegen und an Amerika denken. Er erinnerte sich an die Sonne, aber auch an den Schnupfen und den Husten – und es fiel ihm ein, daß er damals wohl etwas verkehrt gemacht hatte. Auf einmal schien ihm das Graben im Blumentopf die widerlichste Sache von der Welt zu sein.

Ungefähr nach einer Woche, er konnte die Erde kaum noch anschaun, kroch er nachts auf den Rand des Blumentopfes hinauf und sagte zu sich: »Wenn die dummen Fliegen fliegen können, warum sollte ich es nicht auch können!« und ließ sich vom Blumentopf in die verlockende Tiefe fallen. Er schlug auf die Untertasse des Blumentopfes und stöhnte laut. Er hatte sich so wehgetan, daß er nur mit Mühe durch das Loch – es dient zum Abfluß des überflüssigen Wassers – in den Blumentopf zurückkriechen konnte. Eine Woche lang lag er im Bett und konnte sich vor Schmerz kaum umdrehen. »Nach Amerika fliegen!« seufzte er. Und dann sagte er dreimal: »Pch, pch, pch!«

Noch nach vierzehn Tagen verspürte er Schmerzen im Rücken, wenn er sich mal schneller bückte.

Nun grub der Regenwurm Killian nur noch am Boden des Blumentopfes. Nie wieder wollte er von der Welt dort draußen hören! Aber einmal fiel ihm im Bett ein, daß es doch wohl wieder notwendig wäre, die Erde auch oben umzugraben. Und so machte er sich gleich morgens auf den Weg dorthin. Er arbeitete fleißig und zufrieden, bis zu dem Moment, als er wieder die piepsenden Fliegenstimmen vernahm. Na, selbstverständlich! Schon wieder hatten diese Fliegen nichts anderes zu tun, als zu schwatzen! Killian grub wütend weiter und hörte nicht hin. Kaum unterbrach er aber für einen Augenblick seine Arbeit, um Atem zu schöpfen, konnte er das Schwatzen wieder hören. Da er schon zuhören mußte, war es sicher ganz normal, daß er auch verstehen wollte, was sie einander erzählten. Er legte also das Ohr an die Scholle und hörte hin.

»Das Beste auf der Welt ist duftender Honig«, sagte die erste Fliege. »Oh, duftender Honig!« schrie die zweite. »Ich habe Honig wahnsinnig gern. Oder

Schlagrahm! Oder gegrilltes Fleisch.« »Ich habe einmal gesehen…«

Da verstopfte sich der Regenwurm beide Ohren mit Erde und machte sich mit solcher Wut an die Arbeit, daß er sieben Wurzeln der Fuchsie zerriß. Und bis zum Abend zerriß er sechsundneunzig Wurzeln. Als er abends ins Bett kroch, verspürte er einen bitteren Geschmack auf der Zunge. Das kam von der Erde. Er hatte sein Leben lang bitteren Geschmack auf der Zunge gehabt, aber er wurde sich dessen erst heute bewußt. Als er endlich einschlief, träumte er von duftendem Honig, und als er morgens erwachte, spürte er wieder den bitteren Geschmack auf der Zunge. Er überlegte, daß nur die Arbeit in der bitteren Erde auf ihn warte, und da hatte er keine Lust mehr aufzustehen.

Es war Freitag. Die alte Frau S. wollte ihre Fuchsie begießen. Die Hand mit dem Kännchen begann zu zittern, als sie die verwelkte Fuchsie erblickte. Sie schrie: »Der Regenwurm! Er hat die Wurzeln zerrissen!« Frau S. schrie so laut, daß auch der Regenwurm Killian im Blumentopf erschrak. Er dachte, es donnere und es sei wohl ein Sturm im Anzug.

Frau S. fiel ein, was man gegen Regenwürmer, die Wurzeln zerreißen, macht – man nimmt Seifenwasser. Aber Frau S. war brav und friedlich. Sie wollte, daß die ganze Welt auch so sei. Die Vorstellung, daß der Regenwurm das schäbige Seifenwasser schlucken müsse, gefiel ihr ganz und gar nicht. So mischte sie dem Wasser duftende Seife bei und warf noch ein Stück Zucker hinein, damit der Geschmack besser würde. Dann begoß sie die Fuchsie.

Als das Wasser zu tropfen begann, erinnerte sich Killian, daß es Freitag sei und daß er also wohl oder übel baden müsse. Aber diesmal duftete das Wasser, und als er zufälligerweise davon nippte, merkte er, daß es süß war. »Der Honig!« rief Killian, »duftender Honig!« und er schluckte mit vollen Zügen. »Es gibt ihn also doch!«

Nach einer Weile bekam er Schluckauf. Jedes Mal, wenn er schluckte, flog eine Seifenblase hervor. Der Regenwurm schnappte nach Luft. Er konnte nicht frei atmen. Es schien ihm, als müsse er im Blumentopf ersticken, als sei die einzige Stelle auf der Welt, wo es genug Luft gibt, dort oben. Er drängte sich hinauf, wälzte die letzte Scholle fort und blieb erschöpft am Rande des Blumentopfes liegen. Ehe er zu sich kommen und sich umsehen konnte, nahm ihn Frau S. zwischen die Finger und warf ihn zum Fenster hinaus in den Garten.

Der Regenwurm Killian erbebte vor Wonne. »Ich fliege!« rief er. Und er flog. Die Sonne wärmte ihn, und er flog und flog und hatte im Munde süßen, duftenden Geschmack. Ja, das war es, wonach er sich so gesehnt hatte! Als er auf den Boden aufschlug, verlor er den Atem. Vor Schmerz konnte er nicht einmal »au!« schreien. Er lag im Sand, und die Sonne brannte. »Ich sterbe«, stöhnte Killian, als er endlich wieder atmete. Aber er starb nicht. Er bohrte sich in die Erde hinein und ruhte aus. Er ruhte eine ganze Woche lang. Dabei regnete es manchmal am Montag, manchmal am Donnerstag, ganz unregelmäßig.

Endlich hatte er sich soweit erholt, daß er wieder

zu graben anfangen konnte. Er grub in alle Richtungen und in die Tiefe, aber der Blumentopf war nirgendwo. Killian war darüber verwundert. Dann fiel ihm aber ein, daß dies wohl jene große Welt sei, von der die Fliegen gesprochen hatten. Er eilte hinauf, um sich ein wenig umzusehen. Er steckte den Kopf zur Erde hinaus: Auf beiden Seiten war grünes Gras und vor ihm eine große Pfütze. Und vom Himmel fielen immer mehr Wassertropfen herunter.

Killian war wie betäubt. So viel Wasser hatte er noch nie gesehen! Er kroch zur Erde hinaus in die Pfütze und wälzte sich lüstern im lauwarmen Wasser. Es regnete immer noch. Endlich kannte er also die richtige Welt! »Die einen lieben die Sonne, die anderen das Fliegen oder duftenden Honig«, sagte der Regenwurm, »und für mich ist der Regen das Beste auf der Welt.«

Da kam vom Baum eine Amsel zur Pfütze geflogen und schnappte sich den Regenwurm. Killian wollte »auweh« sagen, konnte aber nur noch »au...« herausbringen – da hatte die Amsel ihn verschluckt.

Der Regen war vorüber. Frau S. schaute zum Fenster hinaus und kraulte den Kater Jonathan hinter dem Ohr. Die Amsel saß auf dem obersten Ast und sang. Jonathan schnurrte zufrieden vor sich hin und beobachtete den kleinen Vogel. »Wie schön und friedlich ist die Welt«, sagte Frau S. leise.

Aus dem tschechischen Manuskript übertragen
von Beatrix Pesek

„Komm,
schupper mal
Sport-Anzug
mit Zweithose
150,-

Hamburg:Terroristen
stahlen 120
Wild
Schneewittchen
ergiftet !
achrichten

# Schneewittchen

## Rolf Krenzer

*Mini-Haus mit sieben Zwergen*
*hinter sieben hohen Bergen.*
*Königstochter, jung und fein.*
*Trautes Heim, Glück allein.*
*Denkste! Böse Königin*
*hält den giftigen Apfel hin.*
*»Schau her, wie herrlich, saftig, rot!«*
*Schneewittchen beißt. Schon ist es tot.*
*Ein Prinz, ein Tollpatsch ist der Mann,*
*hebt ungeschickt den Glassarg an,*
*worauf die Tote unsanft ruckte*
*und gleich das Apfelstück ausspuckte.*
*Schneewittchen lebt. Der Prinz lacht laut:*
*»So kommt man schnell zu einer Braut!«*
*Moral:*
*Auch einem Tollpatsch dann und wann*
*ein großer Wurf gelingen kann.*

# Vom Fischer und seiner Frau

## Wolfgang Weyrauch

... ich habe von einem Fischer und seiner Frau gehört. Sie sollen irgendwo an einer Küste wohnen, und zwar in einer elenden Hütte. Weil der Fischer ein Fischer ist, geht er angeln. Seine Frau bleibt zu Haus.

Eines Tages, so erzählt man, hockt er wieder einmal am Ufer. Aber seine Angel schlägt vergeblich aus. Plötzlich zerrt was an der Schnur, was Großes, Schweres, so daß der Fischer fast ins Wasser gefallen wäre. Er ist aber nicht hineingefallen, sondern zieht einen Fisch heraus, wie er noch nie einen geschn hat. Ja, jetzt fängt das Riesenvieh sogar zu reden an. Der Fisch bittet den Fischer, ihn, der gar kein Fisch wäre, leben zu lassen. »Was bist du denn?« fragt der Fischer. Der Fisch antwortet: »Ein verwunschener Prinz.« »Von mir aus«, antwortet der Fischer. Er läßt ihn los. Dann kehrt er in seine Hütte zurück. »Wieso hast du nichts gefangen?« fragt ihn seine Frau. Der Mann erzählt ihr vom verwunschenen Prinz. »Wieso hast du dir nichts gewünscht?« fragt die Frau, »wünsch dir doch was, wünsch dir eine Hütte, die nicht so elend ist, los!« Also geht der Fischer wieder an seinen Angelplatz. Diesmal ist das Wasser nicht so wie sonst, es ist grüngelb.

Der Fischer ruft den Fisch, der Fisch kommt und sagt, der Wunsch der Fischerin wäre erfüllt. Daraufhin geht der Fischer wieder nach Hause. Aber sein altes Zuhaus ist ein neues Zuhaus. Er sieht eine Hütte, wie sich's gehört mit zwei Betten, einer Küche und einer Speisekammer, mit einem Hühnerhof und einem Obstgarten. »So was«, sagt der Fischer, »da können wir schön dankbar sein.« »Das schon«, antwortet die Fischerin, »obwohl...«

Nach vierzehn Tagen ist die Frau mit der guten Hütte unzufrieden und will ein Schloß haben. »Das ist nicht recht«, sagt der Fischer. »Los, los«, antwortet die Fischerin. Also geht der Fischer wieder dorthin, wo er den Riesenfisch fast gefangen hat. Jetzt ist das Wasser nicht mehr grüngelb, es ist grau und trüb.

Zum zweitenmal ruft der Fischer den Fisch. Der Fisch taucht auf und sagt, der Wunsch der Fischerin wäre erfüllt. Daraufhin kehrt der Fischer zur guten Hütte zurück. Aber er irrt sich, denn aus der guten Hütte ist ein Schloß geworden. Die Fischerin, die keine Fischerin mehr ist, zeigt dem Fischer goldne Tische und Stühle, Teppiche und Tapeten, Kronleuchter aus Kristall, die feinsten Speisen und den teuersten Wein sowie Kutschen mit Kutschern, und in einem Wäldchen, das zum Schloß gehört, grasen Rehe und ein Hirsch, die von Jägern bewacht werden, damit sie später abgeschossen werden können. Und so setzt sich das fort.

Der Fischer ist zufrieden, die Fischerin ist unzufrieden. Die Fischerin will mehr haben, der Fischer nicht. Die Fischerin ruft: »Los los los!« Aber der Fischer sagt: »Nein.« Die Fischerin befiehlt, der Fischer gehorcht. Das Wasser ist schwarz und stinkt.

Der Fischer ruft, der Fisch ruft zurück, die Frau ist König. Sie wohnt in einem Palast, hat eine Krone auf dem Kopf und ein Zepter in der Hand. Sie befiehlt Soldaten mit Pauken und Trompeten und einem ganzen Hofstaat.

Das geht nicht gut, denkt der Fischer, aber er sagt's nicht. Dafür sagt die Fischerin und Königin am anderen Morgen: »Königin ist nichts, aber Kaiserin ist alles.« Der Fischer hat Angst, die Königin hat keine. Obwohl sich der Fischer fürchtet und obwohl er glaubt, daß die Fischerin irr ist, rennt er zum Fisch.

Der Fisch ruft: »Geh zur Kaiserin.« Das Wasser wirft Wellen, so hoch wie ein Haus. Aber der neue Palast ist noch höher. Alles ist aus Marmor, Gold und Edelsteinen. »Ich mache nicht mehr mit«, sagt der Fischer. Aber die Kaiserin antwortet: »Ich will Papst werden.« Der Fischer schleicht zum Fisch. Das Wasser überschwemmt das Ufer. Der Fisch erscheint, ehe der Fischer ihn ruft. »Papst«, ruft der Fisch. Er taucht unter, ehe der Fischer was antworten kann.

Der Fischer kommt zum Dom, worin sich die Fischerin in einen Papst verwandelt hat. Alle Leute im Dom küssen ihr die Füße. »Schluß jetzt«, sagt der Fischer. Aber der Papst antwortet: »Jetzt fängt's erst an.« »Was?« fragt der Fischer. Aber er weiß, was die Päpstin meint. Er fliegt davon. Der Sturm, der vom Wasser her weht, wirbelt ihn bis zum Wasser hin. Der Fisch ist nicht da. Aber der Fischer hört seine Stimme aus dem Wasser heraus. Er hört sie und hört sie nicht.

Er weiß, was der Fisch ruft, nein, blitzt und donnert.

Der Fischer kommt heim. Da ist aus dem Dom und dem Palast und dem Schloß und der guten Hütte die elende Hütte geworden. So geht's.

## *Möglichkeiten, das Märchen anders zu erzählen:*

... der Fischer hat keine Frau. Er fängt Fische, die Fische sind, und sonst nichts. Es geht ihm schlecht und recht, mehr schlecht als recht. Trotzdem ist er zufrieden. Er weiß es nicht besser.

... es geht ihm besser als den andern Fischern. Also meint er, daß er ein besserer Fischer ist als die andern. Er spielt sich auf. Er nutzt die andern Fischer aus.

... es geht ihm besser als den andern. Er teilt ihnen mit, wieso es ihm besser geht, das heißt, auf welche Art und Weise er mehr Fische fängt als sie, größere und wertvollere Fische.

... er gerät in die Situation des Fischers im Grimmschen Märchen. Der Fisch ist was Besondres. Aber was ist er? Natürlich ist er nicht verwunschen, und erst recht ist er kein verwunschner Prinz. Gesetzt den Fall, daß es dem Fischer schlecht geht, bildet er sich ein, der Fisch wäre ein Einfall. Vielleicht ein neues Fischfanggerät, und er hätte es in diesem Augenblick erfunden?

... gesetzt den Fall, daß es dem Fischer gut geht, fällt ihm womoglich ein, der Fisch ware eine Aktie und es ware vorteilhaft, aus seinem zusätzlichen Verdienst ein Börsenpapier zu machen, womit er Geld zaubern könnte, ohne zu arbeiten?

... der Fischer hat den Fisch an der Angel. Er hört ihn reden. Zwar hält er's für unmöglich, daß ein verwunschner Prinz im Fisch steckt, aber weil er ein Fischer ist, denkt er: Vielleicht gibt's doch so was. Also läßt er ihn wieder schwimmen. Fischer sind eben abergläubisch.

Er erinnert sich daran, daß man sich in einem solchen Fall was wünschen kann. Aber er verzichtet drauf. Er ist mitleidig und nicht habgierig.

... der Fischer kümmert sich nicht um die Möglichkeit, daß es sich vielleicht doch um einen Prinz im Fisch handeln könnte. Er zieht ihn an Land, tötet und verkauft ihn.

... oder der Fischer ist verheiratet, und seine Frau ist so wie die bei Grimm. Fisch hin, Fisch her, die Frau meint, daß einer was ist, wenn er was hat, und zwar immer mehr, also mehr als die andern. Jedes Mittel ist ihr recht. Was kann der arme Mann tun? Entweder versucht er, ihr beizubringen, daß sie sich was schämen soll. Oder er wirft sie hinaus. Oder er nimmt sich eine Freundin, die besser zu ihm paßt. Hoffentlich kommt er dabei nicht aus dem Regen in die Traufe.

... oder die Frau glaubt an so was wie einen Wunderfisch. Er aber glaubt nicht dran. Drum schickt er sie zum Fisch. Da kann sie sehn, wo sie bleibt. Oder sie sieht ein, daß es keine Märchen gibt.

... kann sein, daß der Fischer und seine Frau Kinder haben. Da heißt es, fleißig sein. Aber der Mensch will ja nicht stehn bleiben. Wohin des Wegs? – Gerade oder krumm?

... gerade: der Fischer stimmt dem Wunsch seiner Frau zu, daß der Fisch seine Rettung belohnen sollte. Er bittet um ein Haus statt der elenden Hütte. Der Fisch erfüllt den Wunsch. Als aber die Fischerin zu spinnen anfängt, schlägt ihr der Fisch den neuen Wunsch ab. Dabei bleibt's.

... gerade: sich mit den andern Fischern zusammentun. Wer viele Fische fängt, häuft seinen großen Ertrag zum kleinen Ertrag von dem, der wenig Fische fängt. So gibt der eine, und der andre nimmt. Damit alles gerecht zugeht, werden die Fischgründe und die Angelgeräte ausgewechselt.

... krumm: geschieht das nicht, werden die tüchtigeren Fischer es bald leid sein, immer wieder zu geben und nie zu nehmen. Also fangen sie an, die Fischer, die nicht so tüchtig sind wie sie, zu beschimpfen, zu betrügen und am Ende auszubeuten.

... ja, es kann sogar einen Fischer geben, der mit seinen Helfershelfern alle andern unterjocht. Das kann auch unser Fischer sein, verheiratet oder nicht verheiratet, mit Kindern oder ohne Kinder.

... es kann sogar einer sein, der erst einer von den ärmsten war. Aber dann klettert er nach oben, falls dies Oben oben ist. Und auch das kann unser Fischer sein.

... wer auch immer es ist, die Menge der Fischer wird sich gegen ihn empören. Sie wird ihn stürzen. Was aber dann?

... man wird endgültig zur Gemeinsamkeit zurückkehren. Aber es muß eine Gemeinsamkeit sein, welche die rechte Mitte zwischen ich-bin-alles und wir-sind-alles hält.

... der Fischer befreit den Fisch. Der Fisch verwandelt sich in einen Prinzen zurück. Er beginnt, das Land zu beherrschen. Der Fischer bereut sein Mitleid. Als der Prinzfisch aus der Herrschaft eine Diktatur macht, lauert der Fischer ihm auf. Er tötet das Vieh und wirft es ins Wasser, wohin es gehört.

... schließlich ist's auch noch möglich, daß der eine oder andre von den Fischern, so auch unser Fischer, aufhört, ein Fischer zu sein. Er wandert in die Stadt aus, wo er Taxichauffeur oder Arbeiter in einer chemischen Fabrik wird. Näher läge es allerdings, er würde in einem Unternehmen der fischverarbeitenden Industrie tätig sein.

... hierbei wäre zu bedenken, daß er nicht denselben Fehler macht wie im Fischerdorf an der Küste. Er darf sich von den Fabrikherren nicht unterkriegen lassen. Er muß sich dagegen auflehnen.

*Hoffentlich fällt euch was ein, was mir nicht eingefallen ist. Das hier sind bloß Möglichkeiten. Jeder kann sie ablehnen oder annehmen und dabei kürzen bzw. erweitern.*

# Kurzmärchen, handelt von der richtigen Ordnung, die alles haben muß

## Hans Georg Lenzen

Da war mal ein Gemeinde-Sekretär, der ging jeden Morgen pünktlich um acht ins Rathaus und arbeitete da bis nachmittags um fünf, jahrein, jahraus, die Sonn- und Feiertage ausgenommen. Er war nicht gerade ein heller Kopf, aber er tat ohne Widerrede, was angeordnet war und meinte, das müßte doch eigentlich zum Beamten reichen. Aber da half nichts, daß er sich Jahr um Jahr in Geduld faßte – jedesmal, wenn die Regierung zu Neujahr die Beförderungen zum Beamten auf Lebenszeit bekanntgab, war er wieder nicht dabei. Zum Verzweifeln.

Eines Morgens sah er auf dem Weg zum Rathaus einen Stuhl auf der Straße stehen. Der Sekretär ging um den Stuhl herum, sah sich auch um, aber da war niemand, der etwas mit dem Stuhl zu tun hatte. Der Sekretär nahm also den Stuhl kurzerhand mit ins Rathaus und legte eine neue Akte an. Schließlich kann man nicht zulassen, daß Stühle einfach so herumstehen. Außerdem muß da, wo niemand anderes zuständig ist, die Behörde einspringen.

Der Sekretär schrieb auf, was er von dem Stuhl aufschreiben konnte – Höhe der Lehne, Höhe der Sitzfläche, Holzart und Farbe, Fundstelle und so weiter. »Hätten wir nur beizeiten an so was gedacht«, sagte der Gemeinde-Sekretär zu seinem Amtsvorsteher, »dann hätten wir schon ein Verzeichnis von allen Stühlen in der Stadt, und es wäre ein Leichtes, dem Besitzer sein Eigentum wieder zuzustellen.« Der Amtsvorsteher sah den Sekretär über den Brillenrand an. »Diese Sache wird um-ge-hend in Angriff genommen, Herr Kollege!« sagte er. »Eine ausgezeichnete Idee. Ich werde dem Herrn Regierungspräsidenten mitteilen, daß diese Verbesserung des Verwaltungsapparates auf Ihre Anregung zurückgeht.«

Bald waren die Fragebogen entworfen, gedruckt und verteilt – so etwas geht bei einer Behörde immer am schnellsten. Die Bürger setzten ihre Brillen auf, um die neue »Anordnung zur behördlichen Erfassung der in Privatbesitz befindlichen Stühle« zu studieren. Sie nahmen das Zentimetermaß zur Hand und liefen kreuz und quer durch ihre Wohnung, und manchen wurde zum ersten Mal klar, was in ihrem Haus alles an Möbeln herumstand. »Die alten Stühle auf dem Dachboden zum Beispiel«, sagten die Leute. »Was sollen wir da noch groß ausmessen und aufschreiben, das Zeug ist ja doch nicht mehr zu brauchen!«

So kam es, daß während der »behördlichen Stuhl-Erfassung« auch immer mehr Stühle einfach auf die Straße gestellt wurden, weil sie keiner mehr haben wollte. Im Rathaus kamen inzwischen tausende von ausgefüllten Fragebogen an und wurden in Akten zusammengefaßt – eine ungeheure Arbeit. Die Registraturen reichten nicht aus, neue Aktengestelle mußten gebaut werden, und wohin mit den herrenlosen Stühlen? Immerhin, einige Schwierigkeiten wurden nach und nach bewältigt, das Rathaus erhielt einen modernen Anbau, das Personal der Behörde wurde verdreifacht, fürs erste. Das eigentliche Problem aber waren die Stühle, die bei Nacht und Nebel einfach auf die Straße gestellt wurden, weil ihre Besitzer keine Lust hatten, so viele Fragebögen auszufüllen.

Die Unterbringung aller dieser Fundstücke, ihre Erfassung in Listen und Katalogen zog sich über fünf Jahre hin. Aber darüber regte sich schon niemand mehr auf, denn inzwischen war die »behördliche Stuhl-Erfassung« im ganzen Lande eingeführt. Unser Gemeinde-Sekretär war zwar immer noch nicht Beamter auf Lebenszeit, aber dafür war der Amtsvorsteher in die Hauptstadt versetzt worden, der war da jetzt ein hohes Tier, im Möbel-Ministerium.

Und die Behörden sind gewachsen! Sie entwerfen immer neue Formulare und bauen neue Häuser für die vielen Akten, und wachsen und wachsen – da ist kein Aufhören. Und wer's nicht glauben will, der soll hingehen und sich's ansehen.

# Dornröschen

## Vera Ferra-Mikura

*Wie dürftest du meinen Vater,*
*den König, wecken.*
*Mit ihm würden sich seine Generäle erheben.*
*Wie dürftest du meine Mutter,*
*die Königin, wecken.*
*Ewig müßte sie dann zwischen Gräbern gehn.*
*Wie dürftest du mich,*
*das Dornröschen, wecken.*
*Mit mir würden meine Tränen erwachen.*

*Komm in hundert Jahren, mein Prinz.*
*In hundert Jahren sind die Kanonen verrostet.*
*In hundert Jahren wird Frieden sein.*
*Komm leise, komm wie der Wind,*
*spreng die Hecke nicht mit Handgranaten,*
*fahr nicht mit Panzern ans Tor.*
*In hundert Jahren teilt sich die Hecke von selbst.*
*Dann kann ich dich lieben.*

# Die Bremer Stadtmusikanten

## Nicolas Born

Er war alt und schusselig geworden, der Esel. Du Idiot, schrie der Müller. Er mußte dem Esel alles zweimal sagen, zuerst einmal, dann Prügel, dann das zweite Mal. Der Esel fühlte sich als Mann, der sein Gedächtnis verloren hat. Die Säcke auf seinem Rücken wurden schwerer, je älter er wurde. So ist das mit den Säcken, meinte er, sie werden immer schwerer. Säcke werden einfach immer schwerer.

Mein Fell ist ganz stumpf und schäbig, dachte der Esel bei sich. Und der Müller war ein Lümmel. Mein Fell ist schäbig geworden wie bei einem alten Stadtmusikanten.

Ja, der Esel hatte viel um die Ohren. Die Eselsohren flatterten im Wind der Windmühlenflügel. Die Knochen summten von den Schlägen. Der Esel dachte bei sich: Soll ich hierbleiben, bis dieser Lümmel von einem Müller mich mit dem Knüppel totschlägt? Oh, das Ziehen im Kopf. Ich denke zuviel.

Als er lange genug daran gedacht hatte zu fliehen, floh er. Kein Hund winselte, keine Katze klagte, kein Hahn krähte ihm nach.

Nun bin ich ganz allein auf der Welt, dachte er wieder bei sich, wohin nur? Nun, warum nicht nach Bremen? Die Bremer, haben sie nicht alles, was das Herz begehrt, und lassen sie nicht hier und da etwas abfallen, Abfall? Ich gehe hin und werde Stadtmusikant.

Gläsernes Klappern der Eselshufe. Kein Verkehr, nur manchmal ein eiliger Fußgänger mit einem langen Brot unterm Arm. Eine Frau sprach zu ihren Kindern: »Seht da, ein Esel!« Er ließ sich nichts anmerken auf dem Weg nach Bremen. Keine Augen für die Schönheiten auf der Straße. Er war alt und schusselig. Er sah an sich herunter und dachte, wieder bei sich: Na, Alter, wie schmeckt die Freiheit?

Aus dem Straßengraben hörte er Jaulen und Wehklagen, es war ein Hund. Völlig heruntergekommen bat er um Hilfe. Der Esel war mißtrauisch. »Woher soll ich wissen«, fragte er, »ob du mich in jüngeren Jahren nicht gebissen hättest?«

»Potztausend, Gevatter«, klagte der Hund, »die Jugend ist dahin, und das Alter ist windig. Heut' zeigen mir selbst die Hasen die Zähne, weil ich nur einen noch habe.«

»Dann bist du ja ein ganz armes Schwein«, sagte der Esel. »Sag an, was ist dir widerfahren?«

»Früher«, begann der Hund seine Geschichte, »war ich ein stattlicher Hofhund. Mein Herr war zufrieden mit mir. Es heißt zwar, daß Hunde umso weniger beißen, je lauter sie bellen. Aber ich war Klasse. Ich bellte laut und biß auch laut. Das wurde mir schlecht gedankt im Alter. Ich habe Gnadenbrot beantragt. Gnadenbrot ist mir zweimal abgelehnt worden. Da habe ich mich aufgemacht nach Bremen.«

»Den Rest der Geschichte kannst du dir sparen«,

sagte der Esel, »natürlich willst du dort Stadtmusikant werden.«

»Woher weißt du das?« fragte der Hund.

»Auch ich«, sprach der Esel, »bin einer inneren Stimme gefolgt und befinde mich auf dem Weg nach Bremen. Auch ich bin aus, äh, Altersgründen weggelaufen. Mein Chef war ein Knüppel von einem Lümmel und schlug mich immer mit seinem Müller.«

»Hohhoh«, staunte der Hund und dachte bei sich, dieser Esel ist schon ziemlich alt und schusselig. Und der Esel dachte bei sich: Warum sagt dieser steinalte Hund immer *Abendrot* wenn er *Gnadenbrot* meint?

»Wir müssen uns beeilen«, sagte der Hund.

»Ich weiß«, sagte der Esel, »die Katze wartet.« Der Hund klopfte ihm anerkennend auf die Schulter.

Die Katze klagte auch. Krallen und Zähne stumpf, die Sache mit den Mäusen aus und vorbei. Keine Ehre wird der Katze im Alter zuteil. Die anderen kannten das. »Pfui«, sagte die Katze, »das hat man zu erwarten, wenn man an die tausend, was sage ich, rund tausend Mäuse gefangen hat.«

Dann befreiten sie noch den Hahn aus seiner mehr als unangenehmen Lage. Das Stichwort »Bremen« schien ihn daran zu erinnern, daß er einmal ein Vogel war. Die letzten Tage hatte er in beklagenswertem Zustand verbracht, mit geschwollenem Kamm und einem Bein schon in der Suppe. Wenn schon, seine Haltung war ungebrochen, nur über sein Gesicht, ganz klein geworden im Alter, huschte ein gequältes Lächeln.

Die Katze hatte daran gedacht, ein Altersheim zu

gründen, aber der Esel riet ab: »Ein Altersheim gründet man in jungen Jahren oder nie mehr.«

Einstimmig sangen sie eine menschlich anmutende Sonate.

So schritten sie munter fürbaß in einen dunklen Wald hinein, wo sie übernachten wollten. Sie träumten einen Tierfilm voller Musik und leicht nervöser Quadrillen. Da krähte der Hahn vom Baumwipfel herunter: »Land! Land!« Er war auch schon ziemlich schusselig. »Licht! Licht!« verbesserte er sich. Einige seiner Vorfahren waren zur See gefahren.

Sie erhoben sich und gingen auf das Licht zu. Es kam aus einem feinen, stämmigen Blockhaus. Durch das Fenster sahen sie eine Horde wilder Gestalten an einem Tisch sitzen, der voll war von gebratenem Schlachtvieh. Das waren zweifellos die Räuber, ein gefährlicher, rasierklingenscharfer Klub. Einer von ihnen, ein verwegener Saufaus, stimmte gerade statt eines Tischgebets des längeren und weiteren ein Saufliedchen an. Wildschweinschinken, Fasan und so weiter, Kaninchen, Täubchen, Schlehenkompott und so weiter. Alles geklauter Kram aus ersten Häusern.

Der Esel legte seine Vorderhufe auf die Fensterbank. Der Hund stellte sich auf seinen Nacken. Die Katze nicht faul, ahnte auch, wie es weiterging, und obendrauf der Hahn, der wirklich ein zäher Brocken war.

Diese Musik ging den Räubern unter die Haut. Der Esel schrie wie ein Esel, der Hund bellte wie ein Hund, die Katze miaute wie eine Katze und der Hahn schäumte vor Lust und Zorn. So groß war das Entsetzen der hartgesottenen Räuber, daß sie Reißaus nahmen. Das fiel ihnen nicht leicht; denn hier waren die Schätze aufgehäuft, die sie in aller Gemütlichkeit zusammengeraubt hatten.

Die vier alten Leutchen machten sich mit Heißhunger über die Sachen her. Nur der Hahn aß wie ein Spatz. Dann legten sie sich zur Ruh, der Esel auf den Mist, der Hund an die Tür, die Katze neben den Ofen, und der Hahn schlief stehend auf dem Dachfirst.

Die Räuber schickten einen Späher aus, der nachsehen sollte, ob die Luft wieder rein war. Der Abgeschickte fand alles ruhig, aber als er ein Streichholz anrieb, sprang ihm die Katze ins Gesicht. Als der Räuber erschrocken durch die Tür ins Freie wollte, biß ihn der Hund ins Bein und dachte bei sich: Das ist die Strafe dafür, daß du keine Hunde beschäftigst. Der Räuber floh am Misthaufen vorbei und erhielt einen trockenen Hieb vom Hinterfuß des Esels, der bei sich dachte: Nimm das, damit du die Bremer Stadtmusikanten kennenlernst. Vom Dach herunter schallte dem Räuber ein strenges Kikeriki nach. Es war der Hahn, der bei sich dachte: Ruhe gibst du keine, bevor du unsereinen nicht auf der Gabel hast.

Der Räuber kehrte zerschunden zu den anderen zurück und sprach: »In dem Haus sitzt eine greuliche Hexe, die hat mich zerkratzt, und an der Tür steht ein Mann mit Messer, der hat mich ins Bein gestochen, und am Misthaufen steht eine schwarze Maschine, die hat mich geboxt, und auf dem Dach sitzt der Richter, der ruft: Bringt mir den Strolch!«

Da hatten die Räuber Nasen und Hosen voll, und vor Angst blieben sie Tage, Wochen, Jahre im Wald versteckt. Sie hofften noch immer, eines Tages in das Räuberhaus zurückzukehren, in dem die Musikanten in Saus und Braus lebten. Manchmal hallte der Wald wider von einer äußerst feinen, aber wilden Musik, und mit der Zeit wurden die Räuber zu Musikfreunden. Vom Zuhören neigten sich ihre Ohren, und bald fingen sie selber an zu musizieren. Es zierte sie nicht schlecht. Unter klingendem Spiel raubten sie fortan vornehme Reisende aus. Die Bremer Stadtmusikanten, die übrigens Bremen nie erreicht haben, bekamen immer einen netten Batzen von der Beute ab.

# Kurzmärchen, handelt von den Märchen überhaupt

Hans Georg Lenzen

Es war einmal ein König, der hatte eine hübsche Tochter. Es war einmal ein Schneider, der hatte drei Söhne. Es war ein Minister, und ein Bankier. Ein Fuhmann mit Pferd und Wagen, und ein Großbauer. Es war einmal… es waren einmal: ein Polizist, ein Uhrmacher und ein Musikant, die saßen im Wirtshaus und verspielten und vertranken die Zeit. Der Minister bekam Geld von dem Bankier. Der Schneider bekam einen Staatsauftrag. Der Polizist bekam das Fieber. Die Königstochter, die hübsche, bekam ein Kind. Der König bekam einen Schlaganfall und starb. Der älteste Sohn des Schneiders heiratete die Prinzessin. Der Großbauer kam ins Wirtshaus und setzte sich zu den anderen. Er vertrank sein Geld und Gut, verspielte Haus und Hof. Der Minister riskierte Kopf und Kragen und regierte mit eiserner Faust. Der Bankier bekam einen Orden. Der Musikant ging in die weite Welt, der Polizist ging in den Ruhestand, und der Fuhrmann ging unter, im Fluß – mit Mann und Roß und Wagen. Und soweit sie nicht gestorben sind, leben sie noch. Und wer noch lebt, der kann selbst sehen, wie es weitergeht.

# Das Märchen vom Schlauraffenland

## Hildegard Wohlgemuth

In der Schlauraffenzeit da ging ich und sah an einem Rattenschwanz hing das Land und ein Hecht war in der Luft und im Karpfenteich zwei mundtote Ochsen standen vorm Berg hatten einen Frosch im Hals und schlugen zwei Fliegen mit einer Klappe und ein schwarzes Schaf sprach mit einem Rotkehlchen und der

Taube auf dem Dach und der Vorstehhund machte Katzenmusik mit der Laus im Pelz und stach ins Wespennest im Porzellanladen machte eine Mücke den Elefanten zur Schnecke und einem Zuchthengst Hammelbeine ein flinker Windhund jagte acht alte Hasen ins Bockshorn da rief der Schweineigel ich bin all da das goldene Kalb mit der Schlange am Busen nährte die Made im Speck da tanzten die weißen Mäuse mit einem Gorilla den Schweinsgalopp ein zweischneidiger Schwertfisch rief zu den Waffen da kamen sie alle Vögel sind schon da Kibitz Habicht Pfefferfresser Totengräber Ordensband da lag der Hase im Pfeffer und der Spatz in der Hand und der Floh im Ohr rief zack zack eine wilde Hummel wollte zum Mars zwei Bienen wollten in den Himmel im Tor stand eine Gottesanbeterin die rief schert euch zum Teufelsrochen da spielten drei süße Krabben mit dem Feuersalamander sieben Kreuzspinnen riefen Hosianna und die Heimchen am Herd zirpten pfui pfui das Läuferschwein von der Tarantel gestochen ging einer Spinne ins Netz zwei Bullen bremsten einen Käfer eine Schildkröte übersah ein Stopschild und eine Blindschleiche schlich zum Raupenschlepper da saß eine Brillenschlange und sagte Neunauge sei wach zum Kamel das meilenweit zum Wasserhuhn tigerte stieß der Molch und machte Bocksprünge ein Löwe kam aus dem Tal der Puppen und ließ die Larve fallen da kam ein Zaunkönig und winkte mit dem Pfahl im Affentheater wo der Schloßhund heulte und das Trampeltier buhte hörte die Miesmuschel die Nachtigall trapsen hackte ihr ein Auge aus und machte sie zur Sau und ein Stockfisch schlug ein Würmchen und eine alte Schindmähre stand dabei und sprach ist alles Recht die kleinen Fische knieten vorm Pleitegeier der hatte den Bauch gen Himmel gekehrt und schwamm mit den Enten durch einen Blätterwald da stand ein Affenbrotbaum der war fein auf ihm wuchsen Hundekuchen freut euch des Lebens pfiff der fidele Mops im Kuckucksei solange das Lämmchen blüht da streikten die Glühwürmchen und die Lichtnetzschlange erwachte da flogen die Motten ins Licht und die Tausendfüßler probten den Aufstand da lag der Hund begraben Meister Lampe wurde in die Pfanne gehauen und ein Goldbarsch wurde vom Affen gelaust dreizehn Eichhörnchen gingen ins Asyl in den Eischrank wo ein Spanferkel gehobelt wurde zwei Zebras lagen quer auf der Straße zwei Ziegen ritten sich einen Wolf ein Mufflon band sich eine Fliege um und einen Bären auf er ging ins Museum da hingen Bärenschinken und fingen Grillen auf dem Amtsschimmel ritt ein komischer Kauz schlief wie ein Murmeltier und eine Ratte mit Eselsohren las einem Buchfink die Leviten eine Schwalbe baute sich eine Kanzel ein Reiher kotzte und kaufte Drachenfutter und das Pantoffeltierchen stiefelte sich und ging mit Kater im Gänsemarsch in die goldene Gans die hatte der Fuchs gestohlen der rief sei kein Frosch und der Storch im Salat igelte sich ein unterm Hasenpanier und Schweinchen Dick rief immer hübsch fröhlich bleiben da flog der Trauermantel auf die Straße krach bum kleines Ferkel aus dem Laufstall schmiß mit Schmeißfliegen die Katze blieb im Sack der Hahn im Korb eine glückliche Kuh bot ihren Rahm feil ein Kohlweißling verkaufte Seifenpulver auf der Scholle krebsten Maulwurf und Mistkäfer und sechs Krähen saßen im Sendesaal beim Star der nicht gestochen wurde der ließ die Kröten springen und die Geißeltierchen saßen allüberall allerorts allerart und alle tanzten um das goldene Kalb in der Schlauraffenzeit da ging ich und sah noch viele große und kleine Tiere und sah ich keinen Menschen hier so muß ich weitergehen

# Ein Riese muß immer aufpassen

## Günter Bruno Fuchs

für Joerg Gebhard

Abends, vor seiner riesengroßen Hütte, saß der Riese. »Na schön«, so sprach der Riese nach einer guten Stunde, »jetzt muß ich also wieder einmal alle, alle Türen meiner riesigen Hütte zuschließen mit demselben alten, großen Schlüssel, den ich von meinem Großvater geschenkt bekam, als ich noch klein war.«

Hier schwieg der Riese.

Dann sagte er: »Und weshalb muß ich das tun, weshalb? Nur wegen der Zwerge, die uns Riesen immer irgendwas wegnehmen mitten in der Nacht, winzige Sachen, wie sie sagen: Häuser, Freunde, Berge, den Abendstern!«

# Lob des Ungehorsams

## Franz Fühmann

*Sie waren sieben Geißlein*
*und durften überall reinschaun,*
*nur nicht in den Uhrenkasten,*
*das könnte die Uhr verderben,*
*hatte die Mutter gesagt.*

*Es waren sechs artige Geißlein,*
*die wollten überall reinschaun,*
*nur nicht in den Uhrenkasten,*
*das könnte die Uhr verderben,*
*hatte die Mutter gesagt.*

*Es war ein unfolgsames Geißlein,*
*das wollte überall reinschaun,*
*auch in den Uhrenkasten,*
*da hat es die Uhr verdorben,*
*wie es die Mutter gesagt.*

*Dann kam der böse Wolf.*

*Es waren sechs artige Geißlein,*
*die versteckten sich, als der Wolf kam,*
*unterm Tisch, unterm Bett, unterm Sessel,*
*und keines im Uhrenkasten,*
*sie alle fraß der Wolf.*

*Es war ein unartiges Geißlein,*
*das sprang in den Uhrenkasten,*
*es wußte, daß er hohl war,*
*dort hat's der Wolf nicht gefunden,*
*so ist es am Leben geblieben.*

*Da war Mutter Geiß aber froh.*

# Das Fernsehmärchen

## Ernst A. Ekker

Herr B. möchte mit seiner Frau sprechen. Aber sie sieht gerade fern und sagt deshalb: »Pssssst!«

Herr B. ist einige Zeit still. Als er wieder zu reden anfangen will und sie wieder »pssssst!« sagt, verläßt er die Wohnung. Seine Frau bemerkt das gar nicht.

Herr B. setzt sich in den Wagen und fährt zu seiner Tochter Ilse. Ilse ist verheiratet. Sie wohnt am anderen Ende der Stadt. »Wie schön, dich mal wiederzusehen!« ruft sie und führt ihren Vater ins Wohnzimmer. Ihr Mann sagt auch: »Schön, dich mal wiederzusehen! Wie geht's?« Doch als Herr B. zu erzählen anfangen will, wie es ihm geht, ruft Ilse: »Pssssst!« Denn sie sieht fern. Und auch ihr Mann sieht fern.

Nach einer Weile räuspert sich Herr B. Aber da deutet ihm sowohl Ilse als auch ihr Mann: »Pst!«

Herr B. geht wieder, ohne daß dies jemandem auffällt. Herr B. setzt sich in den Wagen und fährt ins Gebirge. Seine Eltern leben in einem entlegenen Dorf. Er freut sich darauf, nach so langer Zeit mit ihnen sprechen zu können.

»So eine Überraschung!« rufen die Eltern wie aus einem Munde. »Aber wir haben auch eine Überraschung für dich!« Und stolz zeigen sie auf einen Fernsehapparat. »Das hättest du wohl nicht erwartet, was? Ja, ja, der Fortschritt!« Und nun sitzen sie zu dritt vor dem Fernseher. Herr B. erzählt und erzählt und erzählt. Und auf einmal bemerkt er, daß die beiden ihn gar nicht hören. Fasziniert starren sie auf die bewegten Bilder.

Herr B. setzt sich in den Wagen und fährt nach Hause. Seine Frau sieht noch immer (oder schon wieder) fern. Er ruft Karl an, seinen besten Freund. Karl wohnt mehr als zweitausend Kilometer entfernt in einem anderen Land. Ob er am Wochenende Zeit für ihn habe? »Klar, komm nur! Prima!« sagt Karl.

Am Wochenende setzt sich Herr B. in den Wagen, fährt zum Flughafen und fliegt in das andere Land.

Karl und seine Familie freuen sich über den Besuch. Sie sitzen gemütlich beisammen. Der Fernseher läuft. Niemand sagt »pssssst«. – Weil Herr B. so höflich ist und nicht redet. Nach ein paar Stunden lügt Herr B.: »Tut mir leid, jetzt muß ich wieder zurückfliegen.«

»Schade«, sagt Karl. »Gerade jetzt, wo das Programm am spannendsten wird!«

Herr B. hat bis heute noch keine Gelegenheit gehabt, mit jemandem zu sprechen.

# Das alte Märchen eignet sich vorzüglich für die moderne Werbung Einige Beispiele:

Vera Ferra-Mikura

Rapunzel-Shampoo macht Ihr Haar golden und seidenweich: Mit Rapunzel-Shampoo gepflegtes Haar wird ellenlang und reißfest. Hat Ihr Mann den Haustorschlüssel vergessen? Kein Problem! Rapunzelhaare kann man drei Stockwerke tief hinunterlassen. Rapunzel-Shampoo ist in drei Duftnoten erhältlich und soooo preiswert!

Original Sterntaler, das ideale Geschenk für Münzensammler. In Gold-, Silber- und Messingausführung. Garantiert wertgesichert!

Besuchen Sie das Möbelhaus Eiche, Lindenbaum & Co. Wir haben den Schlager der Saison auf Lager. Das formschöne Tischlein-deck-dich für Frühstück, Mittagessen und Abendbrot. Unser Tischlein-deckdich liefert auf Wunsch auch Schonkost und alkoholfreie Getränke. Kein Kochdunst mehr im Haus, kein

Geschirrspülen! Und Mutti hat endlich viel, viel Zeit für die Familie!

Sorge mit zu großen Füßen? Haben Sie die Aschenbrödel-Fußcreme noch nicht probiert? Der Erfolg ist verblüffend! Mit Aschenbrödel-Fußcreme behandelte Füße werden im Nu klein und zierlich. Die Behandlung ist schmerzlos und unschädlich. Kurpackung jetzt kurze Zeit billiger!

Neu für Schlaflose! Unsere Dornröschen-Spindel schenkt Ihnen langen, tiefen, erquickenden Schlaf. Ein Stich genügt. Nur echt mit der Heckenrose. Vor Nachahmungen wird gewarnt.

Sonderangebot! Stilechte Pendeluhr Marke »Wolf«. Eine Zierde für jedes Heim. Auf Wunsch mit einem Geißlein lieferbar. Splittersichere Glasscheibe und Alarmglockenspiel. Auch als Meckerwecker zu verwenden.

An später denken – rechtzeitig den formschönen Schneewittchen-Glassarg bestellen! Bei Abnahme von drei Schneewittchensärgen ein Stück gratis. Dazu empfehlen wir unser erprobtes Glasputzmittel »Immerblank« in der Familienflasche. Der besondere Vorteil: bis zur endgültigen Verwendung kann der Schneewittchen-Glassarg als Badewanne benutzt werden. Schneewittchen-Vollbäder machen weiß wie Schnee, rot wie Blut und schwarz wie Ebenholz!

# Kurzmärchen, handelt vom guten Rat, der teuer ist

Hans Georg Lenzen

Da war mal ein Junge in einer kleinen Stadt, der war, wie man sagt, gut gezogen: brav und gehorsam. Er tat, was die Eltern ihm sagten und nahm jeden Rat mit Vertrauen an.

»Hör du nur auf die großen Leute«, sagten die Eltern, »die sind vernünftig und haben mehr Erfahrung als du!« Als der Junge am Abend an den Wirtshäusern vorbeikam, taumelten da die Betrunkenen heraus, und bei denen schien es mit der Vernunft nicht mehr weit her zu sein, denn sie brüllten sich an, fielen übereinander her und prügelten sich, daß das Blut floß.

Der Lehrer in der Schule sagte nach dem Morgensegen: »Man muß mit allen Menschen gut auskommen können – ein wenig Freundlichkeit öffnet die Herzen.« Auf dem Nachhauseweg trat dem Jungen ein verwegener junger Mann in den Weg. »Guten Tag«, sagte der brave Junge und sah den Fremden freundlich an, wie er's gelernt hatte. »Schnickschnack«, sagte der Fremde und gab dem Jungen eins hinter die Ohren, und als der wieder zu sich kam, da war seine neue Strickjacke weg, und die Uhr vom Paten Oswald, und auch von dem jungen und verwegenen Mann war keine Spur mehr.

Als der Junge herangewachsen war, sprach sein Vater zu ihm: »Wer ein rechter Mann werden will, der muß zu den Soldaten. Da wird der Rücken gerade und der Gang aufrecht!« Der gehorsame Junge nahm Abschied von seinen Eltern und von seiner Freundin und sagte: »In zwei Jahren bin ich wieder bei euch, haltet euch gut!« Er war aber kaum zwei Monate bei den Soldaten und hatte sich eben an das rohe und langweilige Leben gewöhnt, da war Krieg, und viele von seinen Kameraden hatten keine Zeit mehr, zu rechten Männern zu werden, sondern sie wurden in die Erde gegraben, und vom aufrechten Gang war auch keine Rede mehr, denn wer überleben wollte, der mußte am Boden kriechen, damit er nicht von den Kugeln getroffen wurde, und das ging so viele Kriegsjahre lang.

Nach dem Krieg kam unser Soldat nach Hause. Aber da war seine Freundin mit einem anderen davon, seine Eltern waren durch Krankheit und Not im Krieg umgekommen, und der Freund und Nachbar, ein Advokat, hatte den Besitz der Familie so schlau für sich selbst verwaltet, daß nichts mehr zu besehen war.

Da ging der junge Mann traurig zur Stadt hinaus. Auf der Brücke vor der Stadt, wurde er von einem kleinen Jungen angebettelt: »Gib mir ein paar Groschen, lieber Herr, ich sag dir auch ein gutes Wort von meinem Vater, aus der Kriegszeit!« Der junge Mann mußte an die gutgemeinten Ratschläge seiner Eltern denken und sagte neugierig: »Und das wäre?«

»Glaube niemandem – prüfe selbst!« sagte der kleine

Junge, hatte den Groschen schon und war über die nächste Hecke gesprungen. Da hatte der junge Mann, der einmal ein braver und gehorsamer Junge gewesen war, genug zum Nachdenken. Er vergaß das Wort aus der Kriegszeit nicht, und er gab es später seinen Kindern weiter, denn es hat keinen Zweck, sich und anderen vorzumachen, die Welt sei ein gemütlicher Platz hinter dem Ofen. Wer Vertrauen und Freundschaft anbietet, der sollte darauf sehen, wen er vor sich hat.

# Die Prinzessin mit der Laus

Janosch

Es war einmal eine Prinzessin, die war so reinlich und so sauber, daß kein Fleckchen auf ihr zu finden gewesen wäre. Nicht einmal ein Uhrmacher hätte mit der stärksten Lupe auch nur das kleinste Staubkörnchen auf ihr finden können. Aber eines Tages hatte sie eine Laus. »Um Himmels willen«, sagte der Vater, »die Laus darf nicht getötet werden.«

Er liebte seine Tochter so sehr, daß er *alles* an ihr liebte. Und er befahl, die Laus in eine kleine goldene Schachtel auf ein kleines goldenes Kissen zu legen, die kleine goldene Schachtel auf einen kleinen goldenen

Tisch und diesen auf einen goldenen Teppich zu stellen.

Keiner wußte wie, aber die Laus bekam junge Läuse, etliche, vielleicht zwei, drei Dutzend. Na ja, man ließ es dabei. »Was sind schon ein paar kleine Läuse«, sagte der König. »Und wenn sie noch von meiner schönen Tochter kommen, kann jeder stolz sein, nimmt so eine Laus auf seinem Kopf Platz.«

Die kleinen Läuse bekamen wieder Kinder. Inzwischen fing auch die erste Laus an zu wachsen, wurde immer größer. Und bald fingen auch ihre Kinder an zu wachsen. Und die Kinder von diesen Kindern auch. Sie wurden immer größer und waren bald so groß wie Pferde.

»Dann benutzen wir sie halt, um auf ihnen in den Krieg zu reiten«, sagte der König und lachte; denn so billig hatte er wohl noch nie Pferde bekommen. Und wenn du auf jemandem reitest, kann er dich nicht auf dem Kopf beißen. Und das ist ja wohl das, was man bei Läusen nicht so gern mag. Na also! Aber die Läuse wuchsen weiter und wurden so groß wie Elefanten. Und dann wuchsen sie noch weiter und waren bald so groß, daß die Leute auf ihnen spazierengehen konnten.

Es war jetzt umgekehrt: Die Läuse hatten Menschen, statt die Menschen Läuse. Aber die Läuse wuchsen immer noch weiter, eine neben der anderen. Die Leute bauten sich Häuser auf ihnen, pflanzten Bäume, legten Gärten an. Straßen wurden gebaut, und die Läuse wuchsen und wuchsen immer mehr. Längst wußte niemand mehr, daß das Land, in dem er lebte, sich auf Läusen befand. Städte wurden gebaut, Kriege geführt. Jeden Tag gab es eine Tageszeitung, dann zwei und dann hundert Zeitungen. Die Prinzessin und den König hat man längst vergessen. Neue Könige regierten die Länder. Wo sie liegen? Na, dort.

# Wie ihr wollt

## Josef Guggenmos

Es war einmal ein Prinz... Ihr glaubt mir doch hoffentlich? Oder? Sonst höre ich gleich auf. – Gut.

Wie gesagt, da war einmal ein König, der... Wie bitte? Was habe ich behauptet? Na und! Inzwischen ist er eben König geworden; das ging ganz flink damals, sozusagen automatisch. Und dieser Kaiser – derjenige, von dem ich erzähle (wie es die eurigen gehalten haben, weiß ich nicht) – , mein Kaiser jedenfalls trug jahraus, jahrein nur offene Sandalen. Ihr wißt schon, solche mit einer Sohle unten und einem Riemen oben rüber. – Weshalb? Denkt mal scharf nach! Na, weshalb wohl? Damit man die vielen schönen Ringe sah, die er an den Zehen trug, selbstverständlich. Wozu sonst? – Alles klar? Schön, dann kann ich weitererzählen.

Und wie der Kaiser einmal Geburtstag hatte, da machte er zur Feier des Tages eine Seefahrt mit einem bunt lackierten, frisch polierten, mit hundert Kränzen und tausend Fähnlein verzierten Schiff.

Es waren natürlich eine Masse Leute mit auf dem Schiff, Köche, Kellner, Musikanten, Fabrikanten, Matrosen, Franzosen, Eisenbahner, Indianer, Professoren, Direktoren, Brautpaare, Bauchredner, Schlagersänger, Rollschuhwettlaufsiegerinnen, Ober-, Unter-, Mittelschüler und -rinnen sowie viele, viele andere, alles bunt durcheinander. Im ganzen waren es 999 Mann. Und für die 999 Leute waren 999 Rettungsringe aufgehängt, 998 gewöhnliche aus Kork und einer aus massivem Gold, der war für – den Kaiser, na klar, da seid ihr auch draufgekommen. Aber was ihr nicht wißt: Den goldenen Rettungsring hatten die Einwohner des Landes dem Kaiser eigens zum Geburtstag gestiftet, und damit sie das viele Geld zusammenkriegten, hatten sie alle drei Tage lang gefastet; ja, meine Lieben, so was gab's damals noch.

Und da wurde nun gegessen und getrunken, und alle zehn Minuten ließ man den Kaiser hochleben. Die Musik spielte, und der Paukist haute einmal vor lauter Begeisterung, statt auf die Pauke dem Trompeter, der vor ihm saß, auf die Glatze.

Ein Pudel, der Mundharmonika spielen konnte, war auch mit an Bord, und als der eben »Alle meine Entchen...« spielte, fingen die Leute auf dem frischpolierten Schiff plötzlich an, abwechselnd nach backbord (links) und steuerbord (rechts) zu rutschen.

Und wie alle so rutschten, fand zwischen dem Kaiser und dem Kapitän folgendes Gespräch statt.

Backbord. Kaiser: »Lustig! Prima hingekriegt. Bekommt einen Orden.«

Steuerbord. Kapitän: »Nicht lustig. Sturm original.«

Backbord. Kaiser: »Darf der das?«
Steuerbord. Kapitän: »Tut.«
Backbord. Kaiser: »Noch lange?«
Steuerbord. Kapitän: »Nein. – Entweder hört auf...«
Backbord. Kaiser: »Dann?«
Steuerbord. Kapitän: »Okay.«
Backbord. Kaiser: »Oder?«
Steuerbord. Kapitän: »Wird Orkan.«
Backbord. Kaiser: »Dann?«
Steuerbord. Kapitän: »Schmeißt Schiff um wie nix.«

Jetzt wurden die Rettungsringe verteilt. Das war bei dem hohen Seegang nicht einfach, aber am Ende hatte jeder einen und der Kaiser den seinen.

Und nun, meine Lieben, frage ich euch: Wie soll's weitergehen? In wichtigen Fragen lasse ich meine Zuhörer stets mitbestimmen. Für was seid ihr? Für Windstille oder Orkan? Die Entscheidung liegt ganz bei euch. Gleich wollen wir abstimmen. – Aber bedenkt: Bei Windstille fährt das Schiff heim in den Hafen, und alles ist aus. Falls ihr euch aber für Orkan entscheidet, dann sitzt der Kaiser heute auf dem Grund, den goldenen Rettungsring um den Bauch. Und dann können wir in den Ferien hinfahren und tauchen und ihn uns anschauen; das ist auch ein Vorteil. Also: ganz wie ihr wollt!

Aber der Pudel? Der Arme hatte keinen Rettungsring? – Um den macht euch keine Sorgen! Der war der einzige an Bord, der schwimmen konnte. Und bis zum Ufer war es nicht weit.

# Schneewittchen

## Michael Kumpe

*Ein Mädel, das Schneewittchen war,*
*das hat von Mai bis Januar*
*für sieben Tröpfe*
*gescheuert Töpfe,*
*gerieben Zwiebeln,*
*gelesen Bibeln,*
*gekocht die Schwarten,*
*gepfegt den Garten,*
*gewickelt Kinder,*
*gemolken Rinder,*
*geschrubbt die Schränke,*
*geholt Getränke.*
*Dann hat's (die Zwerge war'n empört)*
*gestreikt (mit Arbeit aufgehört),*
*weil es gemerkt hat: Solche Sachen*
*sind leicht von Zwergen selbst zu machen.*
*Die Zwerge wollten sie daraufhin*
*mit Hilf' der bösen Königin*
*durch Gift ums Leben bringen –*
*das sollte nicht gelingen:*
*Der junge Prinz nahm sie ins Haus*
*und sagte: »Hier kennst du dich aus,*
*wasch Wäsche und koch Suppen*
*und spiele lieb mit Puppen!«*

*Sie sprach: »Das ist mir über.*
*Ich gehe jetzt, mein Lieber.*
*Vor Prinzen und vor Zwergen*
*will ich mich nun verbergen.*
*Es gibt auch beß're Leute!«*
*Vielleicht gibt es die heute?*

# Die betrogenen Worte, ein trauriges Märchen

## Oskar Maria Graf

Einmal – das Jahr und die Zeit kann ich nicht mehr sagen – in einer lauen Spätsommernacht trafen sich tief in einem verborgenen Walde alle ausgesprochenen, alle gedruckten und alle geschriebenen Worte der Menschen. Entgeistert sahen sie einander an, denn sie kannten sich kaum mehr. Verunstaltet und von den Menschen unkenntlich gemacht war jedes. Die Liebe glich dem Haß, die Macht der Schwachheit, der Friede dem Unfrieden – kurz und gut, jedes war anders, als es hieß. Wie Verbrecher, wie Ausgestoßene, wie schwere Sünder standen sie da und hatten alle schmerzliche Gesichter. Man sah es auch jedem von ihnen an, daß es heimatlos war. Gar erbarmungswürdig sahen die Worte aus, die einstens ein Menschenmund leichtfertig hinausgejagt hatte und die in keinem Ohr ein Unterkommen fanden. Vergrämt und vertrocknet kauerten die gedruckten Worte auf dem weichen Moosboden, und ihrer Schar entströmte ein erstickender Modergeruch. Selbst das jüngste von ihnen, das erst gestern auf ein Zeitungsblatt gepreßt worden war, hatte nichts Lebendiges mehr an sich. Und endlich die geschriebenen Worte, die waren vollends nur noch Hauche.

Lange, lange schwiegen die Worte. Still umgab sie der Wald, und der Mond übergoß ihre klägliche Schar. Nichts hörte man als das Seufzen der Legion. »Was sind wir doch für mißachtete Geschöpfe!« weinte endlich ein uraltes Wort auf. Und alle nickten und alle weinten. Die Stunden verrannen. Es verging eine lange Zeit. Keines fand einen Rat. Der Mond und die Sterne verloren langsam ihren Glanz, mattfarben hing schon der unendliche Himmel über den hohen Bäumen.

»Was wollen wir denn tun gegen unsere Schmach?« schrie wieder ein gesprochenes Wort: »Der Tag wird wieder kommen, und die Tiere werden uns zertreten. Kehren wir lieber wieder zurück zu den Menschen, hier droht uns ganz und gar der Tod!«

Da aber erscholl ein millionenfaches Hohngelächter seiner Leidensgenossen, so jäh, daß der Wald sich zu regen begann, daß die Blätter an den Ästen der Bäume sich rührten, daß die aufgewachten Vögel schüchtern ihr Morgengetriller anstimmten, und Reh und Hase, Fasan und Eichkätzchen ihre schlafmatten Glieder streckten. Viele Worte erschraken darob und rotteten sich zusammen; es sah aus, als wollten sie sich wirklich hinwegheben und zurückkehren in ihre Sklaverei. Andere widerstrebten, es entstand ein unentschlossenes Hin und Her; keines wußte recht, was es wollte, viele riefen: »Was sollen wir hier eigentlich?«

Jetzt aber erhoben sich die Worte »Liebe« und »Friede«. Unzählbare Geschwister hatten sie aus allen Gattungen, und ihre Schar rief mit einem Male: »Bleibt! Es gibt eine Rettung für uns alle!«

»Rettung? Wie denn? Was sollen wir denn tun?« fragten alle erstaunt und zitternd.

»Nicht wieder zurückkehren zu unseren Peinigern, zu den Menschen!« war die Antwort.

»Was denn dann?« fragten alle Worte entsetzt.

»Sterben! Lieber sterben, als weiter so mißachtet zu sein!« schrien die Scharen der »Liebe«.

»Nein, nicht sterben – nicht sterben – bloß nicht sterben!« wimmerte fast die ganze Schar. »Gibt es denn gar keinen anderen Ausweg?«

Und ein großes Ratschlagen ging an, doch es schien keinen Weg zu geben, der aus der Verwirrung führte.

»Seht doch«, rief da plötzlich ein ganz kleines Wort, »die Nebelschwaden steigen schon aus dem Boden; setzen wir uns doch einfach auf ihren Rücken und lassen uns zum Himmel tragen.« Und obgleich die alten und gesetzten Worte heftig widersprachen, weil es ihre Würde kränkte, einem so kleinen Naseweis folgen zu sollen – niemand hörte auf sie. Alle sprangen auf die Rücken der Nebelschwaden – und aufwärts ging's in den Himmel.

Sankt Peter war nicht sehr erbaut von einer solchen Schar neuer Ankömmlinge und fragte ziemlich unwirsch: »Was wollt ihr hier? Woher kommt ihr?« Und schon winkte er den Engeln, daß sie die ungebetenen

Eindringlinge aus dem Himmel jagen sollten. Diese aber hatten Mitleid mit den armen, abgehetzten Worten und sagten: »Ach, laß sie doch da!« Und sie gaben ihnen einen Unterschlupf. Und merkwürdig – als die Worte nun einander betrachteten, da kannten sie sich wieder als die, welche sie vor vielen tausend Jahren gewesen waren, ehe Mißbrauch mit ihnen getrieben wurde. Und jedes sah so aus, wie es hieß.

Furchtbares geschah von da ab auf der Erde. Die Menschen erwachten in derselbigen Frühe, wollten reden und konnten nicht mehr. Ohnmächtig sahen sie einander in die Augen. Sie rannten aus den Häusern, auf die Straßen und Plätze und wollten aufschreien, aber jeder von ihnen ward stumm. Sie warfen die Arme verzweifelt, sie stürzten durcheinander, sie gaben sich Zeichen, aber sie verstanden sich nicht. Einer nahm ein Papier und wollte etwas schreiben, aber in seinem Innern fand sich kein Wort. Vor Grauen fiel er tot um.

In den mächtigen Hallen der Zeitungsdruckereien herrschte der ärgste Tumult. Die Redakteure konnten nicht mehr schreiben, die Setzer wußten die Bedeutung der Lettern nicht mehr und wurden so verwirrt, daß sie auf einmal alles durcheinander warfen, mit Picken und Hämmern die Rotationsmaschinen demolierten und wie wahnsinnig ins Freie rannten.

Anfangs wußten die Menschen vor Entsetzen nicht mehr, was sie tun sollten und begannen, in wilder Panik aufeinander loszugehen. Sie töteten einander ohne Grund und vernichteten alles, was ihnen einstens lieb und wert gewesen war. Gewalttaten und Zerstörungen erfüllten die Tage und Nächte. Aber als sie schließlich sahen, auch so kommt das Wort nicht mehr, als ihre Stummheit nicht aufhörte und sie müde und erschöpft wurden, da ging jeder Überlebende wieder an seine Arbeit, und langsam kam eine große Ruhe, ein nie gekannter Friede zur Welt. Keinen Streit gab es mehr, kein Gezänk: Glück und Eintracht herrschten.

Wohlgefällig sahen die Worte auf die Menschen herab, und es faßte sie eine große Sehnsucht, wieder zurückzukehren. Eines Nachts entwichen sie aus dem Himmel, hockten sich auf die Regenwolken und fielen mit dem Regen zur Erde nieder. Allsobald hoben die Menschen die Worte wieder auf und freuten sich sehr. Einer aber sagte: »Brüder, laßt uns alle Worte in ein großes Haus einsperren, damit sie uns nicht wieder entkommen.« – Und das taten sie. Kaum jedoch waren die Menschen des Wortes wieder mächtig, da fing das alte Elend von vorne an. Alle finsteren Gedanken waren wieder aufgewacht. Haß und Zwietracht, Lüge und Betrug beherrschten die Erde wie ehedem. Wieder waren die armen Worte zu niedrigster Sklaverei verdammt, und ein Entkommen war unmöglich.

»O Gott im Himmel!« klagte die »Liebe« einmal: »Wie sind wir geschlagen!« Der graue »Hohn« aber spottete finster: »Ihr hattet ja solche Angst vor dem Sterben! Hätten wir uns lieber damals von den Tieren des Waldes zertreten lassen und wären nicht mehr!« Und »Ja! Ja! Ja!« stöhnten sie alle, doch jäh verstummten sie – denn schon wieder kam ein Mensch, der sie brauchte – und sie mußten gehorchen.

# Der Bub mit dem Hölzl

## Josef Wittmann

Da hat ein Bub ein Spielzeug gehabt, ein Stückl Holz, rot und blau angemalt, nichts Besonderes also. Das Holz ist ihm alles gewesen: Haus und Zug und Auto, Mann und Frau und Kind und Kegel, Räuber und Gendarm, König und Bettelmann.

Die anderen Kinder haben gesagt: »Du spinnst doch! Das ist ein Stückl Holz, rot und blau, aber nichts Besonderes. Da schau einmal her, was wir alles haben!« Aber da hat er sich nur weggedreht und ist gegangen.

Die anderen haben gesagt: »Der hält uns für Narren, das zahlen wir ihm heim.« Sie haben ihn abgepaßt, sind zu fünft über ihn hergefallen, haben mit seinem Hölzl Fußball gespielt, haben ihn ausgelacht, und wie das auch noch nicht genug war, haben sie ihn verhauen. Er ist bei allem dagestanden wie ein Stock, hat nicht geweint, nicht zurückgeschlagen, hat einfach gewartet, bis ihnen die Lust an ihm vergangen ist (oder vielleicht bis sie heim gemußt haben). Dann hat er sein Hölzl aufgeklaubt und hat sich verzogen.

Von da ab ist er den anderen lieber aus dem Weg gegangen. Er hat sich bei den Aschentonnen und den Kellerstiegen und sonst in abgelegenen Ecken und Winkeln versteckt, wo er mit seinem Spielzeug allein war.

Einmal, wie der Bub schon nicht mehr ganz klein war, ist zufällig eine Prinzessin vorbeigekommen (vielleicht war's auch bloß die Tochter von sonst einem reichen Vater), die hat ein Gewand angehabt wie aus lauter weißen Federn und ist überhaupt sehr schön gewesen. Die hat ihn gesehen. Und weil sie ein bißchen neugierig war und weil sie, obwohl Prinzessin, doch auch ein Mädchen war, ist sie hingeschlichen zu ihm, hat sich leise neben ihn gesetzt und ihm beim Spielen zugeschaut.

Da hat sie, ohne Gedanken lesen zu können und ohne daß sie ein Wort miteinander geredet hätten, doch alles verstanden: eine ganze Geschichte, die sich der Bub in sein Hölzl hineingedacht hat. Das hat ihr so gefallen, daß sie ihn angeredet hat und gebettelt, er soll doch noch einmal so schön für sie spielen.

Er hat auch gewollt. Aber das Gespiel ist ihm nicht mehr so recht von der Hand gegangen; schließlich hat er sein Hölzl verschämt hinterm Rücken versteckt und ein freundliches Gesicht gemacht, halb aus Verlegenheit, halb, um der Prinzessin zu gefallen.

Und er hat ihr gefallen! Also hat sie ihn gefragt, ob er mitgeht in ihr Schloß (oder ihre Villa), und da hat er nicht nein gesagt.

Wie er aber eine Zeitlang im Schloß herumgelaufen ist (mit einer Uniform aus blauem Samt mit goldenen Litzen, Bändchen und Knöpfen drauf), ist ihm auf einmal überhaupt nichts mehr zum Spielen eingefallen. Ihm ist sterbenslangweilig geworden und der Prinzessin auch – wo sie ihn doch mitgenommen hatte, damit sie wen hat, der ihr Gesellschaft leistet. »Morgen«, hat er sie ein paarmal vertröstet, »morgen fällt mir vielleicht wieder was ein. Hab ein bißchen Geduld mit mir, bitte.«

Aber am andern Tag war es dasselbe wie an diesem; er ist still im Eck gesessen und hat traurig sein Hölzl angeschaut, das auf einmal nichts mehr war als ein gewöhnliches Stück rot und blau angemaltes Holz.

Weil ihm aber gar nichts mehr eingefallen ist, haben sie ihn endlich zum Gärtner in die Lehre geschickt. Da ist er groß und erwachsen geworden und ein guter Gärtner, wie man hört. Sein Hölzl steht bei den Gartenzwergen, da paßt es ganz gut dazu. Und wenn ihn wer fragt, was das ist, lacht er und sagt, er weiß es nicht.

# Die Steinschlange

## Agathe Keller

Simone stand, wie jeden Morgen, um halb sieben auf. Sie öffnete die Fensterläden. Es regnete immer noch. Von den Bäumen vor ihrem Fenster fielen große Tropfen auf die Erde. Weiße Schwaden, dünne Schleier stiegen aus den Tannen in den grauen Himmel hinauf. Eine Amsel saß zuoberst im Apfelbaum. Es war sehr kalt. Simone schloß das Fenster. Sie kleidete sich heute besonders warm an. Um halb acht verließ sie das Haus. Sie hatte die Kapuze des roten Regenmantels hochgeschlagen. Die roten Stiefel reichten ihr bis zu den

Knien. Die Mutter, die sonst jeden Morgen am Fenster stand, winkte ihr heute nicht nach. Das Fenster war geschlossen.

Simones Weg führte ein Stück weit durch den Wald. Hier regnete es nicht. Der Boden war naß. Schwere Tropfen fielen von den Bäumen und den Farnen. Simone hatte nie Angst. Sie kannte jeden Stein, jedes Moos, sie wußte, wo Sauerklee wuchs, wo im Herbst die besten Pilzfamilien standen. Und sie verriet niemandem ihre Beerenplätze.

Heute bog sie rechts ein. Das war eine Abkürzung. Zuerst stieg es einige Meter leicht hinan, bevor Simone dann auf den Weg kam, der zum Schulhaus hinunter führte. Aber Simone erreichte heute das Schulhaus erst später. Vor ihr erhob sich plötzlich eine große rote Mauer. Simone staunte. Sie hatte diese Mauer noch nie gesehen. Und sie dachte: Die muß ich überklettern, sonst komm ich zu spät in die Schule. Als sie etwa eineinhalb Meter gekraxelt war, hob sie den Kopf und sah, daß die rote Mauer unendlich hoch war, bis zu den Wolken reichte. Da ließ sie sich wieder zu Boden fallen, ins Moos. Sie schloß die Augen, öffnete sie. Die Mauer war vor ihr, und wenn sie sie berührte, fühlte sie an den Fingerspitzen den kalten, groben Stein. Es war Stein und nicht Karton.

Ich werde um die Mauer herumgehn, dachte sie und lief der Mauer entlang. Sie kam aus dem Wald heraus, war jetzt weit weg vom Schulhaus, sah die Mauer, die sich wie eine rote Schlange durch die nassen, grünen Wiesen zog. Eine Steinschlange, das gibt es doch nicht, dachte Simone. Und: Da kann ich stundenlang laufen, und wo komm ich hin? Ich werde hier warten, vielleicht ist sie plötzlich weg, genauso plötzlich, wie sie da war. Oder ist sie über Nacht gewachsen? Können Mauern wachsen, aus dem Boden heraus? Und sie dachte noch, sie wolle den Lehrer fragen, wenn sie heute überhaupt in die Schule kam. Simone setzte sich also auf einen Stein und starrte die Mauer an, blickte an ihr hoch und sah weit oben irgendwo den grauen Himmel. Sie drehte sich auch einmal um, weil sie dachte, hinter ihr könnte eine andere Mauer gewachsen sein. Dann wäre sie eingeschlossen. Aber hinter ihr war der Wald. Nirgends eine Mauer. »Eigentlich sollte ich nach Hause zurück«, sagte sie vor sich hin. Und die Mutter würde in die Schule telefonieren, und vielleicht kämen dann alle mit dem Lehrer her, um die Mauer zu bestaunen. Da öffnete sich vor ihr eine Tür in der Mauer. Ein Lichtloch. Simone war ein wenig geblendet, aber sie ging hindurch, und schon war die Tür wieder zu. Am Ende des Weges lag das Schulhaus. Sie beeilte sich, drehte sich noch einige Male um, blieb dann plötzlich wie angewurzelt stehn: Die Mauer war weg, aufgelöst, fortgeblasen, weggewischt, ausgelöscht, geschmolzen, versunken, zusammengestürzt.

»Ich konnte nicht weiter, weil eine rote Mauer mir den Weg versperrte«, erzählte sie in der Schule. »Und jetzt ist sie weg. Es hat sich ein Tor aufgetan, und ich schlüpfte hindurch und lief und lief, und dann war die rote Mauer weg.«

Alle lachten, und der Lehrer sagte: »Schon gut, schon gut. An die Arbeit!« Und sie rechneten weiter.

In der nächsten Stunde hatten sie Zeichnen. Der Lehrer stellte tote Schmetterlinge in einem Kasten auf. Sie mußten einen auswählen und abzeichnen. Simone entschied sich für den dunkelbraunen mit den orange-violetten Tupfen und den feinen, gelben Linien an den Rändern. Der Schmetterling lag auf einem weißen Blatt vor ihr, und sie hatte ihn schon fast fertig ausgefärbt, da veränderte sich der bunte Schmetterling, und auf ihrer Zeichnung war ein rabenschwarzer, häßlicher, großer Vogel mit giftigen, stechenden, roten Augen und einem langen, gebogenen Schnabel. Er war so groß, daß er auf dem Blatt kaum Platz hatte. Simone rief: »Mein Schmetterling ist weggeflogen! Der schwarze Vogel hat ihn vielleicht auch aufgefressen!«

Die Kinder drängten sich um Simones Pult, und der Lehrer sagte: »Schon gut, schon gut! Weit kann er nicht geflogen sein. Mal sehn! Da, schon hat er sich wieder auf dein Blatt gesetzt. Simone, was haben wir uns versprochen? – Daß du tagsüber nicht zu viel träumst, nicht wahr?«

Simone berührte ihre Zeichnung nicht mehr. Sie nahm ein anderes Blatt und zeichnete schnell einen schwarzen Vogel mit roten, stechenden Augen drauf, wartete, machte ihn noch schwärzer. Es wurde kein Schmetterling draus.

In der nächsten Stunde hatten sie Sprache. »Alle Tätigkeitswörter schreiben wir klein«, mußten sie von der Tafel ins Sprachheft kopieren. Und dazu Beispiele: »Die Enten schnattern. Der Löwe brüllt. Die Schlange zischt. Der Papagei krächzt«, und so weiter. Und da sah Simone, daß sich ihre Tinte verfärbte, daß die Buchstaben, die sie blau hinschrieb, rot und grün und blau und gelb wurden, alle verschieden. Ihre Sätze waren schillernde Regenbogen. Sie wollte schon wieder laut rufen, aber sie schwieg. Sie deckte mit dem Löschblatt schnell alles zu, schrieb den Rest ab.

»Warum deckst du zu?« fragte der Lehrer, der die Sätze korrigierte. Sie schob das Löschblatt weg, und als der Lehrer nichts sagte, nicht erstaunt war, schwieg Simone erst recht. Aber die Wörter waren bunt, und der Papagei krächzte in allen Farben.

In der letzten Stunde hatten sie Turnen. Der Lehrer hatte einen ganzen Sack Hartgummibälle verteilt, und die warfen sie nun in die Luft, immer wieder und so weit hinauf wie möglich. Simone stand da und starrte hinauf und wartete und hatte die Hände hochgestreckt, um ihren Ball fangen zu können. Aber der kam nicht mehr herunter. Sie sah ihn nicht. Er hing nicht oben an der Decke. Er war weg. Und sie fand ihn auch nicht, als sie ihn, wie der Lehrer es ihr befohlen hatte, erst mal am Boden suchte. »Er muß noch oben sein«, sagte sie immer wieder. Und diesmal staunte der Lehrer, als der Ball plötzlich herunterfiel, in die ausgestreckten Hände von Simone. Er ließ sofort alle Bälle einsammeln, und sie machten noch einige Freiübungen.

Als Simone um zwölf nach Hause ging, sah sie schon von weitem die rote Steinschlange in den grünen Feldern.

# Das Märchen vom König ohne Gesicht

Lotte Betke

Von dem Land Otar wird berichtet, daß es dort einmal einen König gab, der kein Gesicht hatte. Wohl hatte er Augen, Ohren, Stirn, Nase, Mund und Wangen. Aber seine Augen, Ohren, Stirn, Nase, Mund und Wangen veränderten sich von einem Augenblick zum andern, und kein Mensch wußte, wie der König in Wahrheit aussah. Vor diesem König zitterten alle, am Hofe und im Volk. Wenn jemand zu ihm gerufen wurde, dachte er: Wie wird der König heute aussehen, und was wird er wieder Schreckliches ausgeheckt haben? Der einzige Mensch, der nicht vor dem König zitterte, war sein Sohn Akari. Er war auch der einzige, den der König liebte. Auf seine Art; denn er wollte Akari nach seinem Bild formen. Aber Akari war anders als sein Vater. Er fand keinen Gefallen am Treiben des Königs und schon gar nicht, daß die Menschen vor ihm selbst auf dem Bauch lagen, wie sie es bei seinem Vater taten. Akari hatte einen Bauernjungen zum Freund. Der hieß Ukuri. Dunkles Haar umgab seinen Kopf wie eine wollige Kappe. Akaris helles Haar war glatt und lang. Es wußte aber niemand etwas von dieser Freundschaft, und Akari, der sich nur im Schloßpark ergehen durfte, traf sich in aller Heimlichkeit mit Ukuri. So oft er konnte, kletterte er bei einbrechender Dunkelheit am Weinspalier die Schloßmauer hinab und lief so lange unter den mächtigen Bäumen des Parkes dahin, bis er an eine hohe Mauer gelangte.

Er konnte gewiß sein, daß auf der anderen Seite der Mauer Ukuri schon auf ihn wartete, um ihm auf seinen Pfiff ein Tau zuzuwerfen. Dann klomm Akari – während Ukuri, die Beine gegen den Boden stemmend, das Tau fest in Händen hielt – an dieser Seite der Mauer empor. Von oben konnte er mit einem Sprung den hohen Heu- oder Blätterhaufen erreichen, den Ukuri, je nach der Jahreszeit, jenseits der Mauer für ihn aufgeschichtet hatte. Dann gingen die beiden zusammen über das weite Feld. Unter Sternen und Wolken oder schwarzem Himmel. Und im Gehen redeten sie miteinander oder schwiegen.

Von dem Lande Otar wird berichtet, daß dort zweierlei Menschen lebten. Solche mit dunklen Haaren und andere mit hellen. Die einen waren so redlich oder schlecht, so faul oder fleißig wie die andern. Und weiter wird berichtet, daß der König an einem Wintertag, als das ganze Land in tiefem Schnee lag, seine Ratgeber, die ihm nie einen Rat geben durften, herbeirief. Während der König zu ihnen sprach, blickten sie zu Boden, denn sein wechselhaftes Gesicht war ihnen noch nie so schrecklich erschienen. Aber was er sagte, konnten sie nicht fassen: Alle Menschen mit dunklem Haar taugten nichts, deshalb wolle er nur noch Menschen mit hellem Haar in seinem Land dulden. Schon am andern Tag sollten alle Dunkelhaarigen auf das freie Feld hinausgetrieben werden. Dort sollten sie die gefrorene Erde aufhacken, tiefer und tiefer, bis sie sich ihr eigenes Grab gegraben hätten; denn sie sollten bei dieser harten Arbeit weder essen noch trinken.

Als der König so redete, griff sich mancher Ratgeber, weil er dunkles Haar hatte, an den Kopf. Aber die andern, nur allzu gehorsam, ergriffen ihn gewaltsam und führten ihn fort.

Die Ratgeber mußten dem König schwören, daß sie Akari kein einziges Wort sagten von dem, was der König beschlossen hatte. Aber Akari hatte ein waches Herz. Es dauerte nicht lange, da wußte er, was die fahlen Gesichter der Diener zu bedeuten hatten, und er dachte voll Angst an seinen Freund. Da schloß er die Tür seines Gemaches zu, schnitt sich das lange Haar bis auf die Kopfhaut ab und knüpfte daraus eine helle Kappe. Die verbarg er unter seinem Gewand. Als die Dunkelheit kam, setzte er seine Pelzmütze auf, ließ sich am Spalier hinab und lief unter den mächtigen Bäumen des Parkes wie ein Schatten über den Schnee. Als er bei der hohen Mauer angekommen war, ließ er seinen Pfiff ertönen. Und Ukuri warf ihm zur Antwort das Tau über die Mauer. Die Nacht war dunkel, aber als Akari die Mauer erklommen hatte, konnte er Ukuri gut erkennen. Er stand zu Füßen eines hohen Schneehaufens, den er für Akari errichtet hatte. Akari ließ sich in den Schnee gleiten. Ukuri wollte sich, wie immer, das Tau um den Leib winden, aber Akari sagte: »Laß das Tau und laufe mit mir zu euerm Haus. Wir müssen fliehen. Noch heute Nacht müssen wir die Grenze erreichen. Du, dein Vater, deine Mutter und ich.«

»Fliehen, warum?«

»Mein Vater«, stieß Akari heraus. »Er hat einen furchtbaren Plan geschmiedet. Er will, daß alle Menschen mit dunklem Haar ausgetilgt werden sollen.«

»Das ist ein Scherz.« Ukuri wollte lachen. Da stieß Akari das Gesicht hart gegen seines und schrie: »Es ist ernst.« Da war Ukuri still, und sie hasteten beide über den Schnee.

In der warmen Bauernstube saßen Ukuris Eltern. Sie wollten nicht fort. Sie konnten Akari nicht glauben. Da schrie Akari zum zweiten Mal. Und sie packten ein Bündel und zogen mit Akari über die Ebene. Sie kamen aber nur langsam vorwärts, denn Ukuris Vater hatte ein Gebrechen und konnte nicht schnell gehen. Ukuri trug das Bündel. Seine Mutter weinte. Die Nacht wanderte mit ihnen. Der Morgen kam ihnen entgegen. Aber dem Tag entkamen sie nicht. Der König hatte seine Reiter ausgeschickt. Als die vier Wanderer schon nahe der Grenze waren, blickte Ukuris Mutter sich um. Da sah sie drei Reiter in der Ferne, die von drei Seiten auf sie zugesprengt kamen. Sie nahm die Röcke hoch und lief auf die Grenze zu. Da schrie Akari zum dritten Mal. Er riß sein Wams auf, zog die helle Haarkappe hervor und stülpte sie über Ukuris dunklen Kopf. »Lauf, Ukuri, nimm deinen Vater und lauf!« Aber Ukuri stand. »Ich gehe nicht ohne dich.« Da richtete sich Akari auf. »Mir kann nichts geschehen. Ich bin der Sohn des Königs. Nimm deinen Vater auf den Rücken und lauf!« Da warf Ukuri sein Bündel in den Schnee, lud den Vater auf den Rücken und lief um ihrer beider Leben.

Akari streckte seine Arme hoch in die Luft, winkte den Reitern und lenkte sie so auf sich. Der Reiter, der als erster bei ihm anlangte, beugte sich herab und wollte ihn packen, aber Akari wich ihm aus, floh über den Schnee, fort von der Grenze. Zwei der Reiter galoppierten hinter ihm her, er schlug Haken auf Haken wie ein Hase. Der dritte Reiter verfolgte Ukuri. Der setzte seinen Vater kurz vor der Grenze ab und ging dem Reiter entgegen. Der Reiter sah das helle Haar auf seinem Kopf und preschte fluchend hinter den beiden Älteren her. Aber Ukuris Vater und seine Mutter waren schon jenseits der Grenze. Da gab der Reiter seinem Pferd die Sporen und sprengte zu der Gruppe im Schnee. Die beiden Reiter hatten Akari gestellt, er stand zwischen den stampfenden Pferden und konnte weder vor noch zurück. Der eine Reiter, unter seinem Helm hingen ihm Haare so bleich wie Gerstenähren ins Gesicht, riß Akari am Arm. Er wollte ihn vor sich auf das Pferd zerren. Aber es gelang Akari seinen Arm zu befreien. Er sagte leise: »Ich bin der Sohn des Königs!«

Da lachte der Mann laut. Und er riß ihm die Pelzmütze vom Kopf. »Seht! Er hat sich kahlgeschoren, damit man sein dunkles Haar nicht sieht.« Er lachte noch lauter und warf die Mütze in den Schnee. Der zweite Mann lachte nicht. Er war ein friedlicher Mensch, den man zu diesem harten Dienst gezwungen hatte. »Setz die Mütze wieder auf«, sagte er, »es ist kalt.« Akari bückte sich nach der Mütze, der erste Reiter lachte fort und fort.

Inzwischen war der dritte Reiter herbeigesprengt.

Er sah dem Gerstenblonden ins Gesicht. »Was gibt es hier zu lachen?«

»Der da will der Sohn des Königs sein.«

Der dritte Reiter sah Akari finster an. »Den Sohn des Königs kennt keiner. Er kommt nie aus dem großen Park heraus.«

»Ich bin über die Mauer geklommen«, sagte Akari.

»Die Mauer ist hoch«, sagte der erste Reiter. Er lachte nicht mehr. Sein Mund war wie ein Messer.

»Mein Freund hat mir dabei geholfen«, sagte Akari.

»Der Sohn des Königs hat keinen Freund.« Der dritte Reiter sah ihn finster an.

Akari blickte die drei Reiter an. Einen nach dem anderen. Zwei erwiderten seinen Blick, kalt, gnadenlos. Der dritte wandte sich ab. Da drehte Akari sich um. Jenseits der Grenze sah er drei Tupfen im Schnee, die wurden kleiner und kleiner. Er drehte sich wieder um und streckte die Arme hoch. Wortlos ließ er sich von dem Gerstenblonden auf dessen Pferd hochzerren.

Von dem Lande Otar wird berichtet, daß dort an diesem frostigen Wintermorgen ein großes Kesseltreiben auf Menschen stattfand. Es wird berichtet, daß der Schnee schwarz wurde vom Abdruck der Pferdehufe und von Menschenschritten. Es wird berichtet, daß die Luft über der Ebene erfüllt war von Schrekkensrufen und Spatengeklirr. Immer neue dunkelhaarige Menschen, Männer, Frauen und Kinder, wurden in der Mitte des Feldes zusammengetrieben, manche nur mit Hemd und Hose oder einem dünnen Rock bekleidet.

Die hackten und schaufelten die harte Erde auf.

Immer mehr Menschen trieben die unermüdlichen Reiter des Königs herbei. Das Loch in der Erde wurde stetig breiter und tiefer. Unter denen, die in der Tiefe gruben, war Akari.

An diesem Morgen stand der König ohne Gesicht vor dem hohen Fenster des Königsaals. Er sah zu, wie die Menschen einzeln und in Gruppen über den Schnee getrieben wurden und ließ nach seinem Sohn schicken, damit er das Schauspiel mit ansähe. Er dachte, es stünde in seiner Macht, das Herz seines Sohnes hart zu machen. Aber der Königssohn war nicht zu finden. Das ganze Schloß wurde nach ihm durchsucht, jedoch Akari schien vom Erdboden verschwunden. Als man dem König mit Zagen die Nachricht brachte, erbleichte er und schrie, wenn Akari nicht gefunden werde, solle der ganze Hofstaab mitgraben an seinem eigenen Grab. Und er setzte ihnen eine Frist von drei Tagen. Da schüttelten einige Männer heimlich die Faust, und die Frauen verwünschten den König. Aber laut wurde keiner. So ging die Suche weiter. Aber Akari wurde nicht gefunden, nicht am ersten und nicht am zweiten Tag. Am Ende des dritten Tages meldete sich ein Mann beim König. Es war der zweite Reiter. Voll Furcht trat er vor den König und meldete ihm, was sich am ersten Tag auf dem Feld nahe der Grenze zugetragen hatte. Ein Knabe, hochaufgeschossen und schmal, habe behauptet, der Sohn des Königs zu sein. Aber sie hätten ihm nicht geglaubt, denn er habe, wie die Sträflinge, keine Haare auf dem Kopf gehabt. »Keine Haare.« Der König sah den Mann an. Der mußte zu Boden blicken, denn er konnte den Anblick des furchtbaren Nichtgesichts nicht aushalten. »Keine Haare«, wiederholte der König. Er stieß den Mann beiseite, ging aus dem Saal und verlangte nach seinem Pferd.

Bald darauf sah man einen Mann im roten Mantel auf einem schwarzen Pferd über die weiße Ebene reiten.

Wo er hinkam, wichen die Ausgetriebenen und ihre Verfolger zurück vor ihm. Die Sonne stand wie ein blutiger Ball über dem Horizont. In ihrem Schein ritt der König in seiner einsamen Schneise auf die bewegliche schwarze Masse der schaufelnden Menschen zu.

Klagen und Stöhnen erfüllten die Luft. Aber wo der König ritt, verstummte jeder Laut. Am Rande der Grube stieg der König ab und begann hinabzusteigen. Er mußte über Erdbrocken und Steine klettern. Eine Weile begleitete das rote Licht der Sonne den König. Je tiefer er kam, desto dunkler wurde es um ihn. Als der letzte Lichtschimmer ihn verlassen hatte, sah er am Grunde der Grube den ersten Toten vor sich liegen. Er lag da wie ein abgebrochener Zweig. Sein Gesicht war schmal, der Kopf nackt. Der König erkannte seinen Sohn. Er beugte sich nieder, hob ihn auf und trug ihn über Felsbrocken und Erdschollen empor. Wo er ging, hörten die Spaten auf zu klirren.

Als er den Rand der Grube erreicht hatte, legte er ihn in den Schnee und warf sich über ihn. Die Sonne war untergegangen. Die Nacht kam. Die Reiter brachten Laternen und trieben die Menschen an, weiterzuarbeiten. Als der Morgenstern am Himmel aufleuchtete, legte ein alter Mann seine Schaufel nieder, ging zum König und drehte ihn auf den Rücken. Und nach und nach kamen noch mehr Menschen. Und sie hielten ihre Laternen über den Kopf des Königs. Und sie sahen alle, daß er ein Gesicht hatte, das hatte der Tod ihm geschnitten. Da legten alle ihre Hacken und Schaufeln hin und gingen fort. Jeder in sein Haus. Die Geschichte von den beiden Freunden Akari und Ukuri trug der Wind fort. Von dem Land Otar wird berichtet, daß es noch mitten unter uns liegt.

# Hänsel und Gretel

## Josef Wittmann

*Nichts als die Not gehabt,*
*erwischt beim Stehlen,*
*eingesperrt,*
*ausgebrochen*
*und ihren Wärter dabei umgebracht.*
*Und aus denen,*
*meinst du,*
*soll noch mal was werden?!*

# Der Wolf und die sieben Geißlein

## Doris Mühringer

Muß einmal, sagte der Wolf zu seiner Frau (aber nicht das, was ihr denkt, ihr Lieben, sondern:) muß einmal wieder was Ordentliches in den Magen kriegen. Werde mich nach den sieben Geißlein umschauen.

Ging also und schaute sich nach den sieben jungen Ziegen um.

Ging und ging und schaute und schaute, und es waldete und waldete immer mehr und immer dunkler und dichter, und als es endlich so dunkel und dicht war, daß man vor lauter Bäumen den Wald nicht sehen konnte, dachte der Wolf: Wenn's mit rechten Dingen zugeht im Märchen, so muß jetzt die Wiese kommen, und auf der Wiese muß das Haus stehen, und in dem Haus müssen die sieben jungen Geißlein hübsch artig um den Tisch herum sitzen und darauf warten, daß ich komme, und das jüngste schaut sich schon nach dem Uhrkasten um.

Und so war's auch.

Hielt sich also nicht lang mit Denken auf, der Wolf, ging drauflos auf das Haus zu (hatte Kreide mitgebracht für die Stimme und Teig für die Pfote, denn er kannte das Märchen) und fraß von den sieben jungen Geißlein sechs auf. Das siebente ließ er im Uhrkasten sitzen: erstens, weil er satt war, zweitens, damit es seiner Mutter alles erzählen konnte, drittens, damit es mit dem Märchen seine Richtigkeit hatte.

Überlegte sich's aber dann doch, legte sich also nicht auf der grünen Wiese draußen unter den Kirschbaum, um einzuschlafen und von der alten Ziege aufgeschlitzt, mit Steinen gefüllt und zugenäht zu werden wie im Märchen, sondern trollte sich nach Haus, der Wolf.

Und wenn er nicht später einmal doch noch gestorben wäre, weil er zu viele Hasen gefressen hatte, die zuviel Kohl gefressen hatten, der mit zuviel Insektengift gespritzt war, so lebte er noch heute.

# Das Rumpelstilzchen hat mir immer leid getan

Irmela Brender

Im Märchen, sagen die Leute, siegt das Gute, und das Böse wird bestraft, und am Schluß hat alles seine Ordnung. Man muß nicht alles glauben, was die Leute sagen. Man muß selber nachdenken. Zum Beispiel über Rumpelstilzchen. Das hat mir immer leid getan.

Denn wie ist es ihm ergangen? Da hat es der Müllerstochter geholfen, die in eine Kammer voll Stroh gesperrt worden war und das Stroh zu Gold spinnen sollte, nur weil sie einen verlogenen Vater hatte, der behauptete, sie könne das. Nichts konnte sie außer weinen und klagen und dem Rumpelstilzchen zuerst ein Halsband und dann einen Ring geben zum Dank dafür, daß Rumpelstilzchen das ganze Stroh zu Gold gesponnen hatte. Man muß sich das mal vorstellen – eine ganze Kammer voll Stroh spinnt Rumpelstilzchen zu Gold und bekommt dafür ein Ringlein – das hätte es sich in zehn Minuten mühelos selbst gesponnen!

Und als die Müllerstochter nichts mehr zu vergeben hatte und trotzdem wollte, daß Rumpelstilzchen für sie arbeitete, weil sie darauf aus war, Frau Königin zu werden, da versprach sie dem Rumpelstilzchen ihr erstes Kind. Versprochen ist versprochen und schon so gut wie geschenkt – oder etwa nicht? Nicht für eine Müllerstochter, die dann Königin wird! Als es soweit war, wollte sie sich drücken, und das nette Rumpelstilzchen gab ihr sogar eine Chance – seinen Namen sollte sie herausfinden, dann könnte sie das Kind behalten. Noch nicht einmal darum hat sich die ehemalige Müllerstochter und jetzige Frau Königin ehrlich bemüht. Sie setzte sich nicht in eine Bücherei und schlug nach, welche Namen es gibt, sie fragte nicht selbst herum – sie schickte einfach Boten aus, die den Namen von Rumpelstilzchen herausbekommen sollten. Und das gelang auch – aber mit Gerechtigkeit hat das nichts zu tun – , sie fragte ganz hinterhältig: »Heißt du etwa Rumpelstilzchen?« und das erkannte Rumpelstilzchen riß sich vor Wut selbst mitten entzwei.

Dabei kann man sich leicht vorstellen, daß alles viel besser und gerechter hätte enden können. Dieses Rumpelstilzchen war ein einsamer Wicht, »ein lächerliches Männchen«, wird es im Märchen genannt, aber beim Goldspinnen war es nicht lächerlich, da wurde es gebraucht! Was das Männchen an Arbeit vollbrachte, das war ein Königreich wert, und es ist anzunehmen, daß Rumpelstilzchen das wußte. Aber glücklich war es deshalb nicht. Es wollte etwas Lebendiges haben, einen Freund, einen Menschen, der mit ihm lachte und mit ihm traurig war, der ihm »guten Appetit« vor dem Essen wünschte und hinterher fragte: »Hat's geschmeckt?« Deshalb wollte das Rumpelstilzchen das Königskind haben, damit es von nun an nicht mehr alleine war.

Natürlich mag keine Mutter ihr Kind weggeben, insofern ist die Königin zu verstehen. Aber wäre sie ein bißchen gescheiter gewesen, ein bißchen gerechter und ein bißchen liebevoller zu denen, die es verdienten, dann hätte sie gesagt: »Mein Kind kann ich dir nicht geben, denn es gehört allein sich selbst. Aber warum willst du nicht mit uns leben – mit meinem Kind, mit mir und dem König? Zusammen könnten wir alle eine Menge unternehmen, du sollst mal sehen, wie lustig das wird!« Da hätte sich das Rumpelstilzchen erst blaß und dann rot gefreut, es wäre auf einen Stuhl geklettert und hätte der Königin einen Kuß auf die Backe gegeben und dem König einen auf die Krone – Ehre, wem Ehre gebührt – , und es hätte dem Königskind ein Rumpelstilzchenlied zum Einschlafen und ein anderes zum Aufwachen gesungen. Und sie wären glücklich miteinander gewesen, bis ans Ende ihrer Tage.

So aber, wie's im Märchen steht, ist das keine Gerechtigkeit.

# Benjamins Märchen

## Dagmar Chidolue

Es war einmal ein Mann, der wohnte in einem Wald. Er wohnte aber nicht allein dort, denn er hatte ein Schwein. Es war kein normales Schwein, es war ein besonderes Schwein, ein ganz besonderes Schwein, denn es war rot, es war rot wie die Sonne, wenn sie nicht mehr scheinen will. Der Mann mochte das Schwein, und das Schwein mochte den Mann. Der Mann mochte das Schwein, weil es ein besonderes Schwein war, weil es ein rotes Schwein war, und er gab ihm gute Sachen zu essen, und das Schwein wurde röter und röter. Das Schwein mochte den Mann, weil er ihm gute Sachen zu essen gab und deshalb röter und röter wurde, denn es war gern rot.

Sie lebten eine lange Zeit zusammen, der Mann und das rote Schwein, und alles war in Ordnung. Aber eines Tages wollte der Mann sehen, was hinter dem Wald war. Er stand tagelang vor dem Haus und schaute weit weg von dem Haus und von dem Schwein, und er gab dem Schwein auch nicht mehr so gute Sachen zu essen. Das Schwein wunderte sich über den Mann und darüber, daß es nicht mehr so rot war wie vorher, und es mochte das gar nicht.

Eines Tages, als das Schwein aufwachte, bekam es gar nichts zu essen, keine guten und keine schlechten Sachen, einfach gar nichts, und da merkte es, daß der

Mann weggegangen war, um zu sehen, was es hinter dem Wald gab. Das Schwein war traurig, weil der Mann fort war und es nicht mehr so rot war, und es dachte daran, auch fortzugehen und den Mann zu suchen. Das Schwein rannte durch den Wald, und als es aus dem Wald kam, sah es, daß es viele Männer dort gab und viele Schweine. Aber keiner der Männer war der, der zu ihm gehörte, und die Schweine, die es dort gab, waren auch nicht rot, sie waren rosa.

Die Männer und die Schweine da draußen lachten über das rote Schwein, eben, weil es rot war und nicht rosa wie die anderen. Dann hörten die Schweine aber auf zu lachen und fingen an, das rote Schwein zu beißen. Das rote Schwein wollte weglaufen, weil es ja den Mann suchen mußte, aber die anderen liefen hinter ihm her und bissen es in die Ohren. Da mußte das rote Schwein sich umdrehen und auch beißen, weil es ja nicht zusehen konnte, wie die anderen es bissen. Und das rote Schwein biß die anderen, die Männer und die rosa Schweine, und es wurde weniger und weniger rot. Es war sehr traurig darüber, denn es wollte ja gerne ein rotes Schwein bleiben. Es war auch traurig darüber, daß es den Mann nicht mehr suchen konnte. Es dachte an den Wald und an den Mann, an die guten Sachen, die es zu essen gegeben hatte, und daran, daß es mal so rot gewesen war wie die Sonne, wenn sie nicht mehr scheinen will. Aber die anderen hörten nicht auf zu beißen, und so mußte es aufhören, nachzudenken. Und es biß und biß und wurde weniger und weniger rot, und am Schluß sah es so aus wie die anderen Schweine, gar nicht mehr rot, nur ganz, ganz rosa.

# Porfiri's Bärengeschichte

Juri Korinetz

Er war ein Mensch, und er hieß Michail. Einen Familiennamen hatte er nicht, weil er zu arm war. Es ist schon lange her. Ein gewaltiger Bursche war dieser Michail. Er rodete Wald, pflügte und säte. Einmal, auf dem Markt, liebäugelte er mit einer Kaufmannstochter, die zum Malen schön war und so groß wie er. Und so dick, daß nur drei sie umfassen konnten. Wer sollte mit so einer fertig werden! Und wie sie ihm gefiel, so gefiel auch er ihr. Da fing Michail an, dem Kaufmann Brautwerber ins Haus zu schicken. Der Kaufmann sagte: »Nichts da! Glaubt man vielleicht, daß meine Tochter einen Hungerleider heiratet? Daraus kann nichts werden!« So sagte der gewichtige Kaufmann, der mit Persien und Indien Handel trieb, und schickte die Brautwerber weg. Michail aber gab so rasch nicht auf, und als zum dritten Mal seine Werber abgewiesen wurden, ließ er dem Kaufmann sagen: »Deine Tochter hol ich mir, wenn du sie mir nicht gibst.« Vor Kummer trank Michail mehr, als er vertragen konnte. Dann ging er brüllend wie ein Tier über den Markt, packte den Wagen des Kaufmanns an der Deichsel, warf ihn um und verschleuderte die Ware. Den ganzen Markt sprengte er auseinander – die Stadt stand kopf! Der Kaufmann konnte sich nicht mehr sehen lassen, und seine Tochter hielt er hinter Schloß und Riegel. Da überredete der

Kaufmann einen Wirt, er solle Michail so betrunken machen, daß ihn ein paar Kerle totschlagen könnten, um ihn dann in ein Eisloch zu stecken; denn es war Winter. Im Morgengrauen kam Michail in die Kneipe und hatte vor Kummer schon gar kein Gesicht mehr. Er wollte seinen Pelz vertrinken. »Ich brauche deinen Pelz nicht«, sagte der Wirt zu Michail. »Trink nur, vielleicht erleichtert es dich.« Da trank Michail den ganzen Tag, ohne umzufallen. Er sang Lieder und hing allen etwas an. Doch endlich überredete ihn der Wirt, sich schlafen zu legen. Michail zog sich aus und legte sich hin. Er war auch gleich ruhig. Da kamen die bestellten Kerle mit Äxten. Doch Michail sprang auf, und ehe sie ihn richtig getroffen hatten, brüllte er, brach die Tür auf und war schon draußen. Ohne Kleider rannte er in den Wald.

Der Frost war grausam. Michail verkroch sich im Schnee. Er heulte und knirschte mit den Zähnen und verwünschte alle Menschen. Er selber wollte kein Mensch mehr sein. Und da geschah es mit ihm. Seine Poren sprangen auf und ließen ein Fell durch. Aus ihm wurde ein Bär. Nun, so ist er wenigstens nicht erfroren. Doch was sollte er nun tun? So konnte er doch nicht nach Hause gehen, zu Vater und Mutter! Er verkroch sich in eine Schlucht, zog Äste über sich, und dann deckte ihn Schneegeriesel zu. Er wollte nur ein wenig schlafen und verschlief schließlich den ganzen Winter. Und er leckte sich die Tatzen im Schlaf, so wütend war sein Hunger.

Der Kaufmann beruhigte sich »Dieser Bräutigam ist erfroren«, dachte er höhnisch und ließ seine Tochter wieder aus dem Haus. Eines Tages im Frühling saß er mit ihr am Fenster; sie tranken Tee und hatten ihre Freude am Faulbeerbaum, der vor dem Haus blühte. Da brüllte auf einmal jemand auf der Straße: »Skyrly! Skyrly! Skyrly!« Und dann erschien im Fenster ein Bär, riesig. Mit weit offenem Rachen brüllte er »Skyrly!« So ungeheuerlich, daß der Kaufmann tot umfiel. Durch das Fenster holte sich der Bär die Braut und verschwand mit ihr im Wald. Bald gab es dort ein Geschlecht von Bären, und es verbreitete sich über die ganze Welt.

Aus dem Russischen von Hans Baumann

# Ein sehr kurzes Märchen

Michael Ende

*Hänsel und Knödel,*
*die gingen in den Wald.*
*Nach längerem Getrödel*
*rief Hänsel plötzlich: »Halt!«*

*Ihr alle kennt die Fabel,*
*des Schicksals dunklen Lauf:*
*Der Hänsel nahm die Gabel*
*und aß den Knödel auf.*

# Vietnamesische Kindergeschichte

Beatrice Tanaka

Keiner kann sagen, ob das Kätzchen des Königs weiß, schwarz oder gestreift war; wie die Geschichte aber erzählt, war Seine Majestät so vernarrt in seinen kleinen Liebling, daß sie den Kronrat bat, für das Tier einen Namen auszuwählen. »Ich wünsche mir einen sehr stolzen, machtvollen und vornehmen Namen für mein allerliebstes Kätzchen«, sagte der König. »Und so schlage ich vor, es *Himmel* zu nennen, denn der Himmel ist über allem und jedem auf Erden!«

»Das ist ein äußerst edler Name, fürwahr!« sagte der Erste Mandarin. »Doch obwohl der Himmel über den Wolken ist, wagen es die Wolken mitunter, seine blaue Schönheit zu verbergen.«

»Eine sehr interessante Beobachtung!« sagte der König lobend. »Die Wolken können, obwohl sie tiefer sind als der Himmel, mächtiger sein als er. Ich wünsche, daß mein Liebling einen außergewöhnlich machtvollen Namen hat. Ich werde ihn *Wolke* nennen.«

»Was für ein reizender Name!« sagte der Oberzauberer. »Ist er aber wirklich machtvoll? Der Wind zerstreut die Wolken, und manchmal treibt er sie sogar über das Meer und hinter den Horizont.«

»Wahr, sehr wahr«, meinte der König nachdenklich. »Und daher ist der Wind mächtiger als die Wolken, die, obwohl sie niedriger sind als der Himmel, dessen blaue Schönheit zu verbergen wagen. Ich werde meinen Liebling *Wind* nennen.«

»Der passende Name für ein stolz dahinstürmendes Kätzchen«, sagte der General. »Ist der Wind jedoch so machtvoll, wie der Zauberer es uns glauben machen will? Ein hoher fester Wall kann den Wind aufhalten.«

»Ein Wall? Daran habe ich nicht gedacht, aber nun, da Sie ihn erwähnen – tatsächlich, Sie haben recht, General! Ein Wall hält den Wind auf, der die Wolken zerstreut, die den Himmel verbergen. *Wall*! Das ist ein vornehmer und machtvoller Name!«

»Ist er's wirklich?« fragte des Königs Haushofmeister verwundert. »Erst gestern stürzte der starke Wall an der Ostseite von Eurer Majestät Garten ein.«

»Wie entsetzlich!« sagte der König. »Ein Glück, daß der Name *Wall* noch nicht vor allem Volk verkündet ist! Und wer hat den Wall zum Einsturz gebracht?«

»Die Mäuse«, sagte der Hofmeister.

»Die Mäuse? Ich hätte nie geglaubt, daß sie machtvoller sind als der Wall, der den Wind aufhält, der die Wolken zerstreut, die den Himmel verbergen. Ich werde mein allerliebstes Kätzchen *Maus* rufen«, sagte der König.

»Aber jede Katze *frißt* doch Mäuse!« rief die kleine Dienerin, die für den Kronrat den Tee zubereitete.

»Wie seltsam! Wie wundervoll! Und wer frißt Katzen?« sagte der König und vergaß dabei, daß nach der Hofsitte Dienerinnen den Mund zu halten haben.

»Na – niemand, Herr!« sagte das kleine Mädchen lachend.

»Somit ist der außerordentlich stolze und machtvolle Name gefunden, den wir für das Königliche Kätzchen gesucht haben!« verkündete der König. »Meine Herren, hierdurch verleihe ich ihm feierlichst und vor allem Volke den Namen *Katze*!«

Und das ist die Geschichte, wie die Kätzchen zu dem außergewöhnlichem Namen *Katze* kamen, den sie tragen bis zum heutigen Tag.

Aus dem Englischen von Reiner Kunze

# Märchen für ein Wiener Kind

## André Heller

Die Bäuerin stand in ihren schwarzen Gummistiefeln auf dem Feld des Nachbarn. Der Nachbar mußte gestern sterben, weil er sehr alt war, keine Krankheit hatte und niemand älter als sehr alt werden kann. Das Feld des Nachbarn war also eigentlich das Feld des toten Nachbarn. Da aber Tote nichts mehr auf Erden besitzen und der Nachbar überdies keine Erben hinterließ, war das Feld im Augenblick niemandes Feld oder besser: Es gehörte sich selbst.

Die Bäuerin stand in ihren schwarzen Gummistiefeln auf dem Feld und aß ein Stück Brot und aß ein Stück Käse und zählte die Sterne und gab ihnen Namen wie Mein-Stern, Sein-Stern, Kein-Stern. Kein-Stern leuchtete besonders stark, wie eine Schachtel frischer Zähne.

Da liefen Wölfe über das Feld, das sich selbst gehörte, und das Gras duckte sich unter ihren Pfoten, denn Wölfe sind kein Spaß oder Eichhörnchen.

Die Bäuerin ließ aus Angst das Brot und den Käse fallen und stand gerade wie ein Gardesoldat. Das war ein sogenanntes Erlebnis, und es dauerte acht Minuten und vierundzwanzig Sekunden. Dann wurden die grauen Raubhunde vom Wald empfangen, der rauschte, als wäre er eine Telefonleitung zwischen Rejkjavik und dem Semmering.

Das Herz der Bäuerin schlug wieder langsamer und weil sie geschwitzt hatte, fror sie nun und band sich die Leinenschürze fester um die Hüfte, als ob das etwas nützen würde. Sie schaute zum Kein-Stern, aber der war so hoch in der Nacht befestigt, daß man nur denken konnte: Wer nicht fliegen kann, kann gar nichts. Und das dachte die Bäuerin auch. Dann hob sie den Käse und das Brot vom Boden und hielt es, bis der Morgen mit seinem Hobel die Dunkelheit von den Dingen zog und die Vögel wie Münzen klimperten.

# Autoren und ihre Beiträge

**Betke, Lotte,** geb. 1915 in Hamburg. Lebt in Stuttgart. Veröffentlichte Jugendbücher, Hörspiele, Gedichte. *Originalmanuskript*
188 Das Märchen vom König ohne Gesicht

**Bletschacher, Richard,** Dr. phil., geb. 1936 in Füssen/Bayern. Lebt in Wien. Veröffentlichte u. a. Operntexte, Kinderbücher, Gedichte, Nachdruck aus »Geh und spiel mit dem Riesen«, Weinheim 1971
55 Neues vom Rumpelstilzchen

**Bolliger, Max,** geb. 1929 in Glarus (Schweiz). Lebt in Zürich. Veröffentlichte Lyrik, Kinderbücher. Deutscher Jugendbuchpreis (1966). *Originalmanuskript*
60 Der grüne Fuchs

**Born, Nicolas,** geb. 1937 in Duisburg. Lebt in Berlin. Veröffentlichte Gedichte, Kinderbücher. Erlaubter Nachdruck aus »Märchen, Sagen und Abenteuergeschichten aus alten Bilderbogen, neu erzählt von Autoren unserer Zeit«, München 1974 (Moos Verlag)
150 Die Bremer Stadtmusikanten

**Brender, Irmela,** geb. 1935 in Mannheim. Lebt in Sindelfingen. Veröffentlichte u. a. Jugendbücher. *Originalmanuskripte*
198 Das Rumpelstilzchen hat mir immer leid getan / 104 Vom Küchenjungen in Dornröschens Schloß

**Bröger, Achim,** geb. 1944 in Erlangen. Lebt in Braunschweig. Veröffentlichte Bilderbücher, Kinderbücher. *Originalmanuskript*
113 Siebtens, der Traum ist erfüllt, bitte aussteigen

**Chidolue, Dagmar,** geb. 1944 in Sensburg/Ostpr. Lebt in Frankfurt a. M. *Originalmanuskript* (aus dem Roman »Das Maisfeld«, Weinheim 1976)
201 Benjamins Märchen

**Ekker, Ernst A.,** geb. 1937 in Idar-Oberstein. Lebt in Wien. Veröffentlichte u. a. Kinderbücher. Österr. Staatspreis. Nachdruck aus »Geh und spiel mit dem Riesen«, Weinheim 1971
161 Das Fernsehmärchen

**Ende, Michael,** geb. 1929 in Garmisch. Lebt in Rom. Veröffentlichte u. a. Kinderbücher. Deutscher Jugendbuchpreis (1961, 1974). Nachdruck aus »Geh und spiel mit dem Riesen«, Weinheim 1971
205 Ein sehr kurzes Märchen

**Ferra-Mikura, Vera,** geb. 1923 in Wien. Lebt in Wien. Veröffentlichte Lyrik, Kinderbücher. »Dornröschen« mit Erlaubnis nachgedruckt aus »Zeit ist mit Uhren nicht meßbar«, Wien 1962 (Verlag Jugend und Volk) und *Originalmanuskript*
149 Dornröschen / 163 Das alte Märchen eignet sich vorzüglich für die moderne Werbung

**Fetscher, Iring,** Prof. Dr., geb. 1922 in Marburg. Lebt in Frankfurt a. M. Veröffentlichte u. a. das Märchen-Verwirrbuch »Wer hat Dornröschen wachgeküßt?« (1972). Nachdruck aus »Geh und spiel mit dem Riesen«, Weinheim 1971
13 Die Geiß und die sieben Wölflein

**Filip, Ota,** geb. 1930 in Ostrava/CSSR. Lebt in München. Veröffent-

lichte u.a. Romane. *Originalmanuskript*
92 Brief des Drachentöters

**Frank, Karlhans,** geb. 1937 in Düsseldorf. Lebt in Schöneck bei Frankfurt. Veröffentlichte u.a. Lyrik, Hörspiele, Kindertexte. Nachdruck aus »Geh und spiel mit dem Riesen«, Weinheim 1971
108 Männer im Mond

**Fuchs, Günter Bruno,** geb. 1928 in Berlin. Lebt in Berlin. Veröffentlichte u.a. Lyrik, Romane, Kinderbücher. Nachdruck aus »Neue Fibelgeschichten«, Berlin 1971
159 Ein Riese muß immer aufpassen

**Fühmann, Franz,** geb. 1922 in Rokytnice/Böhmen. Lebt in Berlin (DDR). Veröffentlichte u.a. Lyrik, Erzählungen, Romane, Kinderbücher. Nachdruck mit Erlaubnis des Autors aus »In diesem besseren Land«, Halle 1966
160 Lob des Ungehorsams

**Gelberg, Hans-Joachim,** geb. 1930 in Dortmund. Lebt in Weinheim. Veröffentlichte u.a. die »Jahrbücher der Kinderliteratur«. Deutscher Jugendbuchpreis (1972). »Der kleine König« erstveröffentlicht in »Kinderland Zauberland«, Recklinghausen 1967; ferner *Originalmanuskripte*
50 Der kleine König / 9 Vorwort / 103 Wie es geschehen kann, daß drei Mädchen und eine Frau gleichzeitig weinen müssen

**Glasauer, Willi,** geb. 1938 in Střibro/CSSR. Lebt in Vira/Pyrénées orientales-Frankreich. Illustrierte die Romane »Danny's Traum« (im »Stern«; Silbermedaille des Dtsch. Art Directors Club) und »Besser als Lachen«. *Originalzeichnungen:* 8, 19, 45, 57, 74/5, 90/1, 118/9, 136/7, 148, 164/5, 187, 206/7

**Graf, Oskar Maria,** geb. 1894 in Berg/Starnberger See; gestorben 1967. Veröffentlichte u.a. Romane. *Originalmanuskript* (aus dem Nachlaß durch Liter. Agentur Hein & Menno Kohn, Hilversum); ursprüngl. erschienen in »Licht und Schatten«, Berlin 1927. © Frau Dr. Gisela Graf, Hilversum.
175 Die betrogenen Worte

**Guggenmos, Josef,** geb. 1922 in Irsee/Allgäu. Lebt in Irsee. Veröffentlichte Lyrik, Kinderbücher. Deutscher Jugenbuchpreis (1968). *Originalmanuskripte*
86 Märchen / 171 Wie ihr wollt

**Härtling, Peter,** geb. 1933 in Chemnitz. Lebt in Walldorf/Hessen. Veröffentlichte Essays, Lyrik, Romane, Kinderbücher. Erlaubter Nachdruck aus »Märchen, Sagen und Abenteuergeschichten auf alten Bilderbogen, neu erzählt von Autoren unserer Zeit«, München 1974 (Moos); jetzt in »Zum laut und leise Lesen«, Darmstadt 1975 (© Luchterhand Verlag)
83 Fundevogel

**Heller, André,** geb. 1946 in Wien. Lebt in Wien. Veröffentlichte u.a. Texte, Lieder. *Originalmanuskript*
210 Märchen für ein Wiener Kind

**Hofbauer, Friedl,** geb. 1924 in Wien. Lebt in Wien. Veröffentlichte Lyrik, Romane, Kinderbücher. Nachdruck aus »Geh und spiel mit dem Riesen«, Weinheim 1971
69 Das Fest der Nordmaus

**Janosch,** geb. 1931 in Zaborze/Oberschlesien. Lebt in München. Veröffentlichte u.a. Bilderbücher, Romane, Kinderbücher. Nachdruck aus »Janosch erzählt Grimm's Märchen«, Weinheim 1972

76 Der Däumling / 53 Der Riese und der Schneider / 169 Die Prinzessin mit der Laus

**Keller, Agathe,** geb. 1937 in Berlin. Lebt in Langnau/Schweiz. Veröffentlichte Erzählungen, Romane. Schweizer Jugendbuchpreis (1972). *Originalmanuskript*
182 Die Steinschlange

**Korinetz, Juri,** geb. 1923 in Moskau. Lebt in Moskau. Veröffentlichte Lyrik, Romane, Erzählungen. Nachdruck aus »Dort, weit hinter dem Fluß«, Weinheim 1971
203 Porfiri's Bärengeschichte

**Krenzer, Rolf,** geb. 1936 in Dillenburg. Lebt in Dillenburg. Veröffentlichte u. a. Kindergedichte. *Originalmanuskripte*: »Der Wettlauf zwischen Hase und Igel«, »Schneewittchen«; weiteres wurde nachgedruckt aus »Menschengeschichten«, Weinheim 1975
18 Der Wolf und die sieben Geißlein / 107 Der Wettlauf zwischen Hase und Igel / 56 Die Bremer Stadtmusikanten / 52 Frau Holle / 138 Schneewittchen

**Kumpe, Michael,** geb. 1946 in Hannover. Lebt in Osnabrück. Veröffentlichte u. a. Gedichte. Erlaubter Nachdruck aus »Menschengeschichten«, Weinheim 1975
174 Schneewittchen

**Kunert, Günter,** geb. 1929 in Berlin. Lebt in Berlin (DDR). Veröffentlichte Lyrik, Erzählungen, Romane. *Originalmanuskript*
20 Neues Märchen vom alten Flaschengeist

**Kunze, Reiner,** geb. 1933 in Oelsnitz/Erzgebirge. Lebt in Greiz/Thüringen. Veröffentlichte Lyrik, Erzählungen, ein Kinderbuch. Deutscher Jugendbuchpreis (1971). Erlaubter Nachdruck aus »Der Löwe Leopold«, Frankfurt 1970 (© S. Fischer Verlag)
58 Das Märchen vom Dis

**Künzler, Rosemarie,** Dr. phil., geb. 1926 in Dessau. Lebt in München. Veröffentlichte Gedichte, Geschichten, Kinderbücher u. a. *Originalmanuskript*
26 Rumpelstilzchen

**Kusenberg, Kurt,** Dr. phil., geb. 1904 in Göteborg/Schweden. Lebt in Hamburg. Veröffentlichte u. a. Erzählungen. Nachdruck mit Erlaubnis des Autors aus »Der blaue Traum«, Hamburg 1942
80 Märchen im Kreis

**Lenzen, Hans-Georg,** geb. 1921 in Moers. Lebt in Düsseldorf. Veröffentlichte u. a. Kinderbücher. *Originalmanuskripte*
145 Kurzmärchen, handelt von der richtigen Ordnung, die alles haben muß / 167 Kurzmärchen, handelt vom guten Rat, der teuer ist / 28 Kurzmärchen, handelt davon, was einer lernen kann / 155 Kurzmärchen, handelt von den Märchen überhaupt

**Mühringer, Doris,** geb. 1920 in Graz. Lebt in Wien. Veröffentlichte Lyrik, Bilderbücher. *Originalmanuskript*
197 Der Wolf und die sieben Geißlein

**Pesek, Ludek,** geb. 1919 in Kladno/CSSR. Lebt bei Zürich. Veröffentlichte Sachbücher, Romane, Jugendbücher, Erzählungen. Deutscher Jugendbuchpreis (1971). Nachdruck aus »Am Montag fängt die Woche an«, Weinheim 1973
126 Schön friedliche Welt, ein Märchen

**Reinig, Christa,** geb. 1926 in Berlin. Lebt in München. Veröffentlichte

Lyrik, Erzählungen, Romane, ein Kinderbuch. *Originalmanuskript*
63 Kluge, Else, Katherlieschen und Gänsemagd als Bremer Stadtmusikanten

**Schmoll, Werner,** geb. 1926. Lebt in Leipzig. *Originalmanuskript*
35 Ein echtes deutsches Haus-Märchen

**Schweiggert, Alfons,** geb. 1947 in Altomünster/Oberbayern. Lebt in München. Veröffentlichte Bilderbücher, Verse, Erzählungen. Nachdruck aus »Menschengeschichten«, Weinheim 1975
17 Märchenprüfung

**Steiner, Jörg,** geb. 1930. Lebt in Biel/Schweiz. Veröffentlichte Romane, Bilderbücher u.a. Nachdruck aus »Am Montag fängt die Woche an«, Weinheim 1973
78 Jorinde und Joringel

**Tanaka, Beatrice,** geb. 1932. Lebt in Paris. Veröffentlichte Kinderbücher. Nachdruck aus »Menschengeschichten«, Weinheim 1975
208 Vietnamesische Kindergeschichte

**Weyrauch, Wolfgang,** geb. 1907 in Königsberg. Lebt in Darmstadt. Veröffentlichte Lyrik, Erzählungen, Hörspiele. Nachdruck aus »Am Montag fängt die Woche an«, Weinheim 1973
139 Vom Fischer und seiner Frau

**Wiemer, Rudolf Otto,** geb. 1905 in Friedrichroda/Thüringen. Lebt in Göttingen. Veröffentlichte Romane, Kinderbücher. *Originalmanuskript*
73 Der alte Wolf

**Wittmann, Josef,** geb. 1950. Lebt in München. Veröffentlichte Gedichte, Erzählungen. »Dornröschen« nachgedruckt aus »Menschengeschichten«, Weinheim 1975; weiteres *Originalmanuskript*
180 Der Bub mit dem Hölzl / 31 Dornröschen / 196 Hänsel und Gretel

**Wohlgemuth, Hildegard,** geb. 1917 im Ruhrgebiet. Lebt in Hamburg. Veröffentlichte Lyrik und Prosa, Kindergeschichten u.a. *Originalmanuskript*
156 Das Märchen vom Schlauraffenland

**Wondratschek, Wolf,** geb. 1943 in Rudolstadt/Thüringen. Lebt in München. Veröffentlichte u.a. Lyrik, Hörspiele, Erzählungen. *Originalmanuskript*
32 Der schwarze und der weiße Kieselstein